W0359984

BIRGIT POPPE / KLAUS SILLA

Op Jück am Niederrhein

66 LIEBLINGSPLÄTZE
und 11 mal
lecker essen

BIRGIT POPPE / KLAUS SILLA

Op Jück am Niederrhein

WEIT MEHR ALS PLATTES LAND

Sofern hier nicht aufgelistet, stammen alle Bilder von Klaus Silla: Joachim Lück, Goli-Verein S. 46; WeselMarketing GmbH S. 84; Privatarchiv der ›Römischen Herberge‹ S. 98; Dr. Stefan Roggenbuck S. 140, S. 164, S. 176; SWK S. 168.

Autoren und Verlag haben alle Informationen geprüft. Gleichwohl wissen wir, dass sich Gegebenheiten im Verlauf der Zeit ändern, daher erfolgen alle Angaben ohne Gewähr. Sollten Sie Feedback haben, bitte schreiben Sie uns! Über Ihre Rückmeldung zum Buch freuen sich Autoren und Verlag: lieblingsplaetze@gmeiner-verlag.de

Besuchen Sie uns im Internet:
www.gmeiner-verlag.de

© 2013 – Gmeiner-Verlag GmbH
Im Ehnried 5, 88605 Meßkirch
Telefon 07575/2095-0
info@gmeiner-verlag.de
Alle Rechte vorbehalten
1. Auflage 2013

Lektorat / Korrektorat: Katja Ernst / Claudia Reinert
Satz: Julia Franze
Umschlaggestaltung: U.O.R.G., Lutz Eberle, Stuttgart
unter Verwendung eines Fotos von Klaus Silla
Kartendesign: Mirjam Hecht
Druck: AZ Druck und Datentechnik GmbH, Kempten
Printed in Germany
ISBN 978-3-8392-1356-8

KLEVE UND UMGEBUNG

WESEL UND UMGEBUNG

VIERSEN UND UMGEBUNG

DIE GROSSEN STÄDTE

EINE REGION DER FLIESSENDEN GRENZEN

Der Niederrhein

›Vater Rhein‹, der mächtige, ruhig dahinfließende Strom durchzieht den gesamten Niederrhein wie eine Lebensader und ist Namensgeber und Identifikationssymbol der Region. Er teilt das Land in den linken und den rechten Niederrhein, eine Trennung, die keinem Besucher wirklich auffällt, für die Bewohner aber von immenser Bedeutung zu sein scheint. Die Animositäten und Sticheleien sind vergleichbar mit der Kölner Geringschätzung der Landsleute auf der ›schäl Sick‹, womit die rechte Rheinseite gemeint ist. Wie der ›echte‹ Kölner nur auf der linken Seite wohnt, fühlt sich auch der ›linke‹ Niederrheiner als der einzig wahre Einwohner dieser Region. Im Westen bildet das holländische Staatsgebiet zumindest augenscheinlich eine Grenze. Doch überall in der Region sind starke Einflüsse des Nachbarlandes spürbar, weshalb ausgewählte niederländische Ziele berücksichtigt werden. Im Osten ist der Übergang zum Münsterland fast fließend, und auch im Süden will man sich nicht so recht festlegen: Darüber, ob Duisburg nun noch zum Niederrhein gerechnet werden soll, wird gern debattiert. Und wenn ja, inwieweit gehört auch Düsseldorf dazu, als Stadt des Altbiers, das am Niederrhein unbestritten zu den bevorzugten geistigen Getränken zu zählen ist. Im Gegensatz dazu wird Duisburg vom Pils dominiert mit einer eigenen, weltweit bekannten Marke, die sich als ›das König der Biere‹ anpreist und die herben Geschmackstraditionen des Ruhrgebietes bedient.

Und wie weit erstreckt sich die rheinische Lebensart ins Ruhrgebiet hinein? Wenn man bedenkt, dass diese Ländereien bis Mitte des 19. Jahrhunderts – also bis zum Beginn der Industrialisierung und den damit verbundenen tief greifenden Veränderungen für das Land und seine Bewohner – vor allem landwirtschaftlich geprägt waren und keine derart dominierende wirtschaftliche Bedeutung hatten, kann man noch heute den ehemaligen Einfluss des rechten Niederrheins deutlich spüren. Die unsichtbare Demarkationslinie verläuft unzweifelhaft an den Stadtgrenzen von Essen und Bochum von Nord nach Süd quer durch die Region. Nicht von ungefähr trägt das fußballerische Epizentrum Oberhausens den Namen Niederrheinstadion, heißt dasjenige in Dortmund Westfalenstadion. Insbesondere die Mentalität der Einwohner und der Umgang untereinander zeugen von zwei Welten, die hier aufeinanderstoßen. Während östlich der Stadt Essen der vom Rheinländer oft als grob empfundene, eher mürrisch wirkende, mundfaule Westfale zu Hause ist, dominiert aus Sicht des Westfalen im westlichen Teil des Ruhrgebietes eine unbekümmerte, viel zu aufgeschlossene und von ihm vielleicht sogar als geschwätzig angesehene Bevölkerung, deren rheinisch geprägtes Gemüt ein völlig anderes Lebensgefühl vermittelt. Unbestritten ist das Ruhrgebiet seit seinem Aufstieg zum Stahl- und Kohlerevier ersten Ranges zu einem Schmelztiegel der unterschiedlichsten Kulturen, Sprachen und Traditionen geworden, wo sich vieles vermischt hat. Dennoch lassen sich die über Jahrhunderte gewachsenen Eigenarten der Menschen nicht so ohne Weiteres ignorieren.

Wenn man heute allerdings vom Niederrhein spricht, denkt man natürlich in erster Linie an die von der Landwirtschaft geformte Region mit weiten, flachen Feldern, bevölkert von friedlich grasenden Kühen, mit bunten Äckern und langen Reihen von Gewächshäusern mit ihren gläsernen Wänden und Dächern, die typisch sind für diesen Landstrich. Was dem Großstädter sofort auffällt, wenn er sich in diese Region verirrt, ist eine gewisse Form der Entschleunigung des täglichen Lebens, die unvermittelt und plötzlich stattfindet, wenn er die alltägliche Hektik seines gewohnten Lebensumfeldes verlässt.

Nehmen wir den durchschnittlichen Bewohner des Ruhrgebietes – egal, ob er aus dem westlichen oder östlichen Teil stammt; in diesem Punkt macht es keinen Unterschied. Er ist es gewohnt, die Dinge schnell und direkt anzugehen, kommt meist ohne Umschweife zum Kern seines Anliegens, spricht die Dinge unmittelbar an und erwartet eine ebenso geartete Reaktion seines Gegenübers.

Keine Zeit zu haben, immer in Eile und von permanentem Stress und Hektik umgeben zu sein – das bestimmt im Normalfall den Lebensrhythmus eines Großstädters. Doch am Niederrhein scheinen die Uhren langsamer zu gehen. Augenfällig ist schon die Veränderung der Umgebung. Verlässt der Ruhrgebietler sein gewohntes Umfeld über die A 40 oder A 42 in Richtung Westen, erwartet ihn hinter den Thyssen-Stahlwerken oder der Hafenanlagen von Duisburg abrupt ein völlig anderes Landschaftsbild. Die grauen Häuserschluchten, tristen Werkshinterhöfe, weitverzweigten Bahnanlagen mit ihrem Gleisgewirr, riesigen Hallen von Verbrauchermärkten und überdimensionierten Parkflächen, die rechts und links der Autobahnen liegen, werden abgelöst von weiten Feldern und flachen Landschaften, unterbrochen von kleinen Wäldchen – das Klischeebild des Niederrheins. Auf der Fahrt von Bochum nach Kleve über die A 42, die im Autobahnkreuz Kamp-Lintfort in Richtung Nimwegen über die A 57 weiterführt, lässt sich diese Wandlung – die wir aus eigener Erfahrung kennen – am besten nachvollziehen. Bereits nach der Rheinüberquerung überkommt den Reisenden ein Gefühl der Ruhe und Entspannung, der dichte Verkehr nimmt spürbar ab. Das Auge, das bisher bemüht war, Drängler, Bremser, Spurwechsler sowie Stauenden und wie aus dem Nichts auftauchende Tagesbaustellen zu erfassen, kann sich nach und nach entspannen. Der Blick schweift nun über die weite Landschaft, Hektik und Stress lassen nach, man seufzt unwillkürlich auf und wundert sich: So entspannt kann Autofahren sein!

Der Wechsel von der A 42 auf die A 57 erfolgt fließend, von nun an verläuft die Autobahn fast parallel zum Rhein, wenn auch in so großem Abstand, dass man den ›Schicksalsstrom der Deutschen‹ nicht sehen kann. Dafür gibt's ohnehin ›viel Gegend‹, wie man hier so schön sagt. ›Gegend‹ heißt so viel wie flaches, unbebautes Land und freier Blick, soweit das Auge reicht, transportiert aber zugleich einen leicht verächtlichen Unterton, der ausdrückt, dass eben auch nicht viel los ist, mit anderen Worten: aus Sicht des Städters monoton und langweilig. Doch wer sich darauf einlässt, wird die Schönheit und Vielfältigkeit der niederrheinischen Landschaft erkennen und entdecken. Auf der Reise von Kamp-Lintfort zur holländischen Grenzstadt Nimwegen reihen sich an der A 57 Orte und Städtchen, die für den Niederrhein so typisch sind: Alpen, Kevelaer, Sonsbeck, Goch, Kleve und Xanten.

STURGEON

KLEVE UND UMGEBUNG

IM VERLAUF DER BUNDESSTRASSE 220 ÜBERSPANNT DIE BRÜCKE DEN RHEIN BEI KILOMETER 853,2 UND VERBINDET AUF DIESE WEISE DAS RECHTSRHEINISCHE EMMERICH MIT DEM LINKSRHEINISCHEN KLEVE.

EMMERICHER RHEINBRÜCKE /// B 220, KLEVER STRASSE / EMMERICHER STRASSE /// 46446 EMMERICH /// WWW.EMMERICH.DE ///

DIE ›GOLDEN GATE‹ AM NIEDERRHEIN

Rheinbrücke in Emmerich

1

Es ist einfach ein tolles Gefühl, über dem königlich dahinfließenden Rhein zu stehen und über das Geländer ins Wasser zu schauen, wo die Schiffe dahingleiten. Möglich ist das von dieser imposanten, gleichzeitig so eleganten Brücke, die von Emmerich nach Kleve führt – oder eben umgekehrt. Mit Spannung wurde damals die Eröffnung der nördlichsten Rheinbrücke erwartet, bis es dann am 3. September 1965 endlich so weit war: Die Emmericher Rheinbrücke wurde feierlich eingeweiht. Mit mehr als 800 Metern Länge und 30 Metern Höhe ist sie die längste Hängebrücke Deutschlands und schon von Weitem zu sehen. Daher ist sie ein attraktives Ausflugsziel, das unbedingt zu einem Niederrheinbesuch dazugehört. Entworfen hat die Brücke der Bauingenieur Hellmut Homberg (1909–1990), unterstützt vom Architekturprofessor Heinrich Bartmann. Homberg war kurze Zeit später dann auch für den Bau der Rheinbrücke Rees-Kalkar verantwortlich.

Doch zuerst spannte sich die Emmericher Rheinbrücke majestätisch über den breiten Fluss. Unterhalb von ihr kann man an den Rheinwiesen spazieren gehen. Zwei Parkplätze, einer vor und einer hinter der Brücke, bieten Autofahrern die Möglichkeit, anzuhalten und auszusteigen, um die faszinierende Konstruktion hautnah in Augenschein zu nehmen. So führen neben der Straße, die Teil der Bundesstraße 220 ist, zwei Gehwege über die Brücke, damit Fußgänger rechts und links hoch über dem Rhein flanieren können. Da ist es zwar meist windig, aber man hat nicht nur einen herrlichen Blick auf Vater Rhein mit seinem Schiffsverkehr, sondern auch auf die attraktive Rheinpromenade der Stadt Emmerich mit ihren Restaurants und Cafés. Dort legen zudem die Ausflugsschiffe an, die Rheinfahrten in Richtung Arnheim oder Wesel anbieten. Doch von der Promenade aus fällt der Blick auch immer wieder auf die wunderschöne Rheinbrücke.

Durch die alte Hansestadt Emmerich wird ein ›Klompengang‹ angeboten, eine Stadtführung in original niederrheinischen Schuhen, den ›Klompen‹.

DER DRUSUSBRUNNEN BEFINDET SICH GEGNÜBER DEM FREIHEITSKREUZ UNMITTELBAR NEBEN DER ST.-VITUS-STIFTSKIRCHE UND DER BURG AUF DEM ELTENBERG IN HOCH-ELTEN.

INFOCENTER EMMERICH /// RHEINPROMENADE 27 /// 46446 EMMERICH AM RHEIN /// 0 28 22 / 93 10 40 /// WWW.EMMERICH.DE ///

WO NOCH WASSERGEISTER HAUSEN

Drususbrunnen in Elten

2

Wenn Sie geheime Wünsche haben, sollten Sie Elten besuchen, um eine Münze in den Drususbrunnen zu werfen! Dieser Brunnen ist eine Attraktion in Hochelten, einem kleinen Örtchen, das seit 1975 zu Emmerich gehört. Bis 1931 spendete der mittelalterliche Brunnen auf dem Eltener Berg den Menschen frisches Trinkwasser. Seit 1843 befindet sich das geschichtsträchtige Bauwerk in einem trutzigen Häuschen, das nur zu bestimmten Zeiten zugänglich ist. Das macht es noch geheimnisvoller. DRUSUS BRON steht niederdeutsch in kunstvoll geschnörkelten Buchstaben über der Eingangstür des alten Bruchsteingemäuers, das den 57 Meter tiefen Brunnen beherbergt und zum Eintritt in eine andere Welt einlädt. Im Innenraum sind schnell alle Sinne auf den mystischen Abgrund gerichtet. So gehört es zum Ritual, einen Stein in die schier endlose Tiefe des Brunnenschachts zu werfen – jetzt die Luft anhalten und dabei auf die Uhr schauen, wie lange es bis zum Aufprall auf die Wasseroberfläche dauert!

Der Name des Brunnens zeugt von einer traditionsreichen Geschichte, denn er geht auf den berühmten römischen Feldherrn Drusus zurück, der zur Zeit Augustus' Feldzüge gegen die Germanen führte. Doch wurde der Brunnen erst im Jahre 967 angelegt, als Graf Wichmann in seiner Burg ein Damenstift für hochadelige Fräulein gründete. Nebenan errichtete er zudem die Stiftskirche St. Vitus auf dem Eltener Berg, die als bedeutendes historisches Bauwerk erhalten und schon von Weitem zu sehen ist. Die für den flachen Niederrhein ungewohnte etwa 82 Meter hohe Erhebung entstand in der Eiszeit. Sie unterteilt den Grenzort, der an drei Seiten von den Niederlanden umschlossen wird, in Hoch- und Niederelten. Hier gastierten schon der ostfränkische König Otto I. und Napoleon – letzterer im ›Het oude Posthuis‹ am Eltener Markt.

Nahe der Kirche bietet das imposante ›Stein Tor‹ (2000), eine Skulptur aus zwei Granitsteinen, einen einmaligen Blick vom Eltenberg auf die Rheinebene.

DIE HALBINSEL MIT DEM ORT LIEGT INMITTEN DES NATURSCHUTZGEBIETS SALMORTH, ZWISCHEN DEM ZUSAMMENFLUSS VON RHEIN UND ALTRHEIN BEI GRIETHAUSEN.

KLEVE-SCHENKENSCHANZ /// 47533 KLEVE /// WWW.SCHENKENSCHANZ.DE ///

›LETZTE HALLIG VOR HOOGE‹

Kleve-Schenkenschanz

3

Der niederrheinische Kabarettist Hanns-Dieter Hüsch bezeichnete sie einmal als ›letzte Hallig vor Hooge‹. Doch wer erwartet schon eine Insel am Niederrhein? Sie ist zwar ›nur‹ eine Halbinsel, die Rheinhalbinsel Salmorth, aber sie ist ein besonderes Ausflugsziel, etwa fünf Kilometer von Kleve entfernt, das sich keiner entgehen lassen sollte. Denn der kleine darauf gelegene Ort Schenkenschanz mit seinen knapp hundert Einwohnern, der sich zwischen dem Rhein und dem Griethausener Altrhein im Überflutungsbereich eines Naturschutzgebiets befindet, hat seinen ganz eigenen Charme. Jahrhundertelang behauptete sich Schenkenschanz, das bis 1972 nur mit einer Fähre erreichbar war: Die ›Schänzer‹ trotzten mit Deichen und Schutzmauern stets dem Hochwasser. Zwar musste im Jahre 1995 anlässlich des Jahrhunderthochwassers das ganze Dorf evakuiert werden, doch weihte man im Jahr 2000 eine neue Schutzmauer aus betongefüllten Stahlrohren und Stahlspundwänden ein, deren Fundament bis zu 14 Meter tief in die Erde reicht. Noch heute erzählt man sich viele Geschichten über den Ort.

Es ist schon ein Kuriosum, dieses geschichtsträchtige Dörfchen, das im Jahr 2011 immerhin sein 425-jähriges Jubiläum feiern konnte. 1586 entstand es als niederländische Bastion mit Unterstützung Englands und war im 19. Jahrhundert zeitweise französisch und preußisch. Die Schänzer betrieben in den Rheinauen Landwirtschaft, und noch heute liegt der Ort im FFH-Gebiet, dem ›Flora-Fauna-Habitat‹. Dies ist ein natürlicher Lebensraum, in dem seltene, gefährdete Pflanzen und Tiere registriert werden. Die Schänzer haben eine eigene Zeitung, das ›SchänzerBötchen‹, und gelten als eingeschworene Gemeinschaft, die intensiv altes Brauchtum pflegt: Osterfeuer, Maibaumaufstellen, Schützenfest und das Schänzer Weinfest sind einen Besuch wert!

Lesen Sie dazu den Krimi ›Die Schanz‹ (2004) vom erfolgreichen niederrheinischen Autoren-Trio Leenders/Bay/Leenders, der die Region zum Thema macht.

SCHWANENBURG KLEVE /// SCHLOSSBERG 1 /// 47533 KLEVE ///
0 28 21 / 2 28 84 /// WWW.SCHWANENTURM.DE ///

DAS SCHLOSS ÜBER DER LOHENGRINSTADT

Schwanenburg in Kleve

4

Märchenhaft und mysteriös klingt die geheimnisvolle Lohengrinsage, der die erhabene Klever Schwanenburg ihren Namen verdankt. Denn als im frühen Mittelalter die edle Dame Beatrix in Cleve Hilfe benötigte, brachte ein weißer Schwan mit einem Boot einen Retter in die Stadt. Doch die Liebesgeschichte zwischen dem heldenhaften Schwanenritter und Beatrix endete tragisch, als sie die Vereinbarung brach, ihren Mann nie nach seinem Namen und seiner Herkunft zu fragen. Der Schwan holte daraufhin den Ritter wieder ab, was der Geliebten das Herz brach.

An diese romantische Geschichte erinnert die Schwanenburg, das Wahrzeichen von Kleve, deren mächtiger Turm die Silhouette der Stadt prägt. Der Burgberg Cleef, das ›Kliff‹, gab im frühen Mittelalter der Siedlung Kleve ihren Namen. Zuerst war die Schwanenburg der Sitz Klever Grafen und Herzöge. Sie errichteten hier einen Wohnturm mit mehreckiger Mauer, den sie nach und nach zu einer der größten Burganlagen am Niederrhein erweiterten. Zeitweise diente ein Gebäudetrakt wenig romantisch sogar als Gefängnis. Nach den Zerstörungen im Zweiten Weltkrieg musste die Schwanenburg fast vollständig wiederaufgebaut werden und ist heute Sitz des Amts- und des Landesgerichtes.

Das imposante Bauwerk mit dem 54 Meter hohen Schwanenturm ist als eine der wenigen Höhenburgen am Niederrhein weit sichtbar. Aufgrund der Umbauten war es eigentlich schon lange keine Burg mehr und erlangte im 17. Jahrhundert sein barockes Aussehen. So sprach man auch von ›Het slot von Cleef‹, dem ›Schloss von Kleve‹. Den klangvollen Namen ›Schwanenburg‹ bekam es erst in der Romantik. Noch heute krönt als Wetterfahne ein mit Blattgold veredelter Schwan die Spitze des höchsten Turms, den man über 218 Stufen erreichen kann. Alle Klever sehnen sich danach, einmal im Leben den Schwan zu küssen!

Im Turm der Schwanenburg wird auf mehreren Etagen die geologische Sammlung des Klever Heimatmuseums präsentiert.

SCHUSTERJUNGE VON KLEVE /// ECKE HERZOGBRÜCKE / OPSCHLAG /// 47533 KLEVE ///

GANZ SCHÖN COOL: DAS SPUCKMÄNNEKEN

Schusterjunge von Kleve

5

Uuups, da war er doch vor einiger Zeit plötzlich aus dem Klever Stadtbild verschwunden, der Brunnen mit dem frechen ›Spuckmänneken‹. Mittlerweile ist der kleine Schusterjunge nahe seinem Stammplatz an der Herzogenbrücke wieder aufgetaucht. Unverdrossen behauptet der pfiffige Kleine sich da, auch wenn sich seine Umgebung in den letzten Jahren stark verändert hat. Keiner wird wohl in Kleves Unterstadt achtlos an dem Brunnen mit dem Schüsterken auf der Mauer vorbeigehen, der so lebensecht und keck wirkt.

Der Heimatdichter Groenewald hat dem bronzenen Knaben, der am 2. Dezember 1951 als Symbol für den Wiederaufbau Kleves nach dem Krieg festlich eingeweiht wurde, sogar ein eigenes Gedicht gewidmet: ›Now ston ek an de nejje Bröck, et Schüsterke van Kleev‹, auf Hochdeutsch: ›Nun steht er an der neuen Brücke, der Schusterjunge von Kleve‹. Denn das hölzerne Original des Künstlers Jupp Brüx (1889–1944) aus dem Jahre 1936 stand an einem anderen Standort, in der Straße ›An der Münze‹, seinen Nachfolger schuf der Sohn Walter Brüx. Als Kennzeichen seiner Zunft hat der Schuster ein Paar hohe Stiefel dabei. Er trägt ein Käppi auf dem Kopf und einen Schal um den Hals. Lässig hat der Lausbub seine Hände im Rücken verschränkt und spuckt, den Kopf selbstbewusst vorgestreckt, in hohem Bogen eine Wasserfontäne. Pfeift er auf dem Weg zur Arbeit? Oder genießt der Lümmel schon Kautabak wie seine Kollegen, unter denen das nachweislich üblich war? Die gespitzten Lippen sollen wohl auch daran erinnern, dass die Schuster bei der Arbeit meist Nägel im Mund hatten und deshalb zwischenzeitlich mal ausspucken mussten. Seit nunmehr 60 Jahren steht der Schusterjunge zum Vergnügen aller auf der Rampenbrücke in der Unterstadt und weist auf die alte Schuhtradition in Kleve hin, wo es im 19. Jahrhundert viele solcher ›Schloffeschuster‹ gab.

Von hier aus sind es nur wenige Schritte bis zur Klever Fußgängerzone sowie zur Klever Stadthalle, in der viele Veranstaltungen stattfinden.

AMPHITHEATER UND FORSTGARTEN /// TIERGARTENSTRASSE /// 47533 KLEVE /// WWW.KLEVE.DE ///

MINERVA TRIFFT DEN EISERNEN MANN

Amphitheater in Kleve

6

Stolz steht sie mit ihrem Speer in der Hand am Berghang, zu ihren Füßen tummeln sich wasserspeiende Fische: Minerva, die Göttin der Künste und der Wissenschaft, schmückt mitten im Grünen das Klever Amphitheater. Die Originalskulptur befindet sich heute nebenan im Museum Kurhaus und war im Jahre 1660 ein Geschenk der Stadt Amsterdam. Nahe der Göttin ragt auf einer hohen gusseisernen Säule mit einer goldenen Kugel darauf der ›Neue Eiserne Mann‹ empor. Das zeitgenössische Werk, gestiftet 2004 von den Klevern, hat ein historisches Vorbild: Das Standbild nach Entwürfen des Klever Statthalters Prinz Johann Moritz von Nassau-Siegen aus dem 17. Jahrhundert, das leider zerstört wurde. Dahinter verläuft als 600 Meter langes Wasserbecken der Prinz-Moritz-Kanal, an dem vorbei man über die Rheinebene bis zum Eltenberg blicken kann.

Es war Johann Moritz von Nassau-Siegen, der diesen exquisiten Garten der Künste schuf und dafür die natürlichen Strukturen der Landschaft nutzte. Er verwirklichte das Amphitheater in Form eines Terrassengartens nach italienischer Tradition. Der steil abfallende Springenberg mit seinen Böschungen und Quellmulden am Hang sollte die Illusion eines antiken Theaters schaffen. Das dafür typische Halbrund wird von Bäumen eingerahmt. Ein kleiner runder Tempel mit Laubengängen rechts und links schließt die Grünflächen nach oben ab. Es folgen Büsche bergauf bis oben zu dem Obelisken ›Kupferner Knopf‹, den ein Adler auf der Spitze ziert. Die Sichtachsen spielen in diesem besonderen Werk der Landschaftsarchitektur eine große Rolle. Hier sollte man sich ruhig etwas Zeit nehmen, um die herrliche Parklandschaft mit den großen Rasenflächen, den Kunstwerken und den Wasserspielen zu genießen. Das Amphitheater liegt nahe am Stadtkern, ist für alle Besucher frei zugänglich und ein wunderbarer Ort zum Lustwandeln.

Zu der Anlage gehören der Forstgarten, ein englischer Landschaftsgarten mit geschwungenen Wegen, Weihern und einem Spielplatz sowie der Tiergarten.

KLEVER BERG /// KÖNIGSALLEE 272 /// 47533 KLEVE ///

DER BLICK VOM TURM

Klever Berg

7

Irgendwie steht er zur Zeit ein wenig verloren da, der kleine Turm auf dem Klever Berg. Renoviert wird er wieder jedem öffentlich zugänglich sein.

Dann kann man von seiner Plattform aus wieder die Aussicht über das Klever Land genießen. Viele Jahre lang kostete es 10 Pfennig, wenn man die Stufen des runden Backsteinturms hinaufsteigen wollte. Errichtet wurde das Bauwerk 1892 auf dem Klever Berg, dem einstigen Galgenberg, der in früheren Zeiten die Hinrichtungsstätte der Stadt war. Da der Niederrhein im Allgemeinen ja eher flach ist, mag man irritiert sein, wenn man von einem ›Klever Berg‹ hört. Und er ist tatsächlich der höchste Berg am unteren Niederrhein! Ursprünglich war die Erhebung genau 99 Meter hoch, bis Fürst Johann von Nassau-Siegen sie im 17. Jahrhundert in die Klever Gartenanlagen integrierte. Dafür ließ er einen sechs Meter hohen Aussichtshügel auf dem Klever Berg aufwerfen, um dessen Spitze zu erhöhen. Seitdem erreicht er eine Höhe von mindestens 105 Metern. Das ist im Flachland natürlich etwas Außergewöhnliches, weshalb hier 1892 als touristisches Ziel ein 15 Meter hoher Aussichtsturm errichtet wurde.

Wenn das Wetter entsprechend gut ist, kann man von dort aus Richtung Nordwesten bis ins holländische Nimwegen schauen, Richtung Norden bis auf den Eltenberg, im Süden und Westen erblickt man Goch und den Reichswald sowie im Südosten die Türme des Xantener Doms. Auch der Verlauf der Flüsse Rhein und Waal ist nachvollziehbar. Am Turm fanden Ausflügler bislang ein Café-Restaurant mit einer lauschigen Terrasse. Doch zurzeit ist die Spitze des Klever Bergs leider verwaist, aber es bleibt zu hoffen, dass sich das bald wieder ändert!

Die etwa 15 Minuten Fußweg entfernte Jugendherberge gehört deutschlandweit zu den 100 besten für Familien.

MUSEUM SCHLOSS MOYLAND /// AM SCHLOSS 4 ///
47551 BEDBURG-HAU /// 0 28 24 / 9 51 00 /// WWW.MOYLAND.DE ///

KUNST UND GRUSEL IN DER WASSERBURG

8

Museum Schloss Moyland in Bedburg-Hau

In diesen wehrhaften Mauern heulte schon unheilvoll der Hund von Baskerville, gejagt von Sherlock Holmes. Als Dartmoor Castle strahlte das niederrheinische Schloss im Jahr 1936 britisches Flair aus. Der Regisseur Carl Lamac wählte das neugotische Gebäude mit seinen Zinnen und Balkonen für die düsteren Außenaufnahmen zu seinem expressiven Schwarz-Weiß-Film nach einem Krimi von Arthur Conan Doyle. Denn das mittelalterliche Ambiente der Wasserburg Moyland, die in der niederrheinischen Ebene zwischen Kleve und Kalkar liegt, wirkt äußerst mystisch. Übersetzt bedeutet das aus dem niederländischen stammende Wort ›Moiland‹ ›schönes Land‹. Und wirklich, wunderschön ist es hier, dabei voll historischem Charme!

So bildet das Schloss eine ungewöhnliche Kulisse für die moderne Kunst des Klevers Joseph Beuys (1921–1986), der neben Grafik, Malerei und Plastik große Installationen schuf und mit seinen Aktionen für Furore sorgte. Moyland war lange Zeit eine geheimnisumwitterte Ruine und niemand ahnte, dass dort einmal die weltgrößte Sammlung an Beuys-Werken zu sehen sein würde. Bis die Sammler Hans und Franz Joseph van der Grinten in den 1980er-Jahren die Idee hatten, dort ein Beuys-Museum zu etablieren. Mit seinem ›Erweiterten Kunstbegriff‹ gilt Beuys vielen als Genie, manchen auch als Provokateur oder Scharlatan. Doch wer sich mit der Kunst des 20. Jahrhunderts beschäftigt, muss einfach ins Schloss Moyland kommen! Dort bildet die große Beuys-Sammlung das Herzstück einer umfassenden Kunstsammlung und wird ergänzt vom einzigartigen Joseph-Beuys-Archiv.

Seit das Schloss restauriert und 1997 wiedereröffnet wurde, besticht es neben seiner Architektur durch die barocke Gartenanlage, den Skulpturenpark und den mittelalterlichen Kräutergarten. Abgesehen von Kunst kann man hier also auch Natur genießen. Für das leibliche Wohl sorgt das Museumscafé.

Wer sich im niederrheinischen Ambiente gruseln möchte, dem sei der Film ›Der Hund von Baskerville‹ (1937) empfohlen, den es mittlerweile auf DVD gibt.

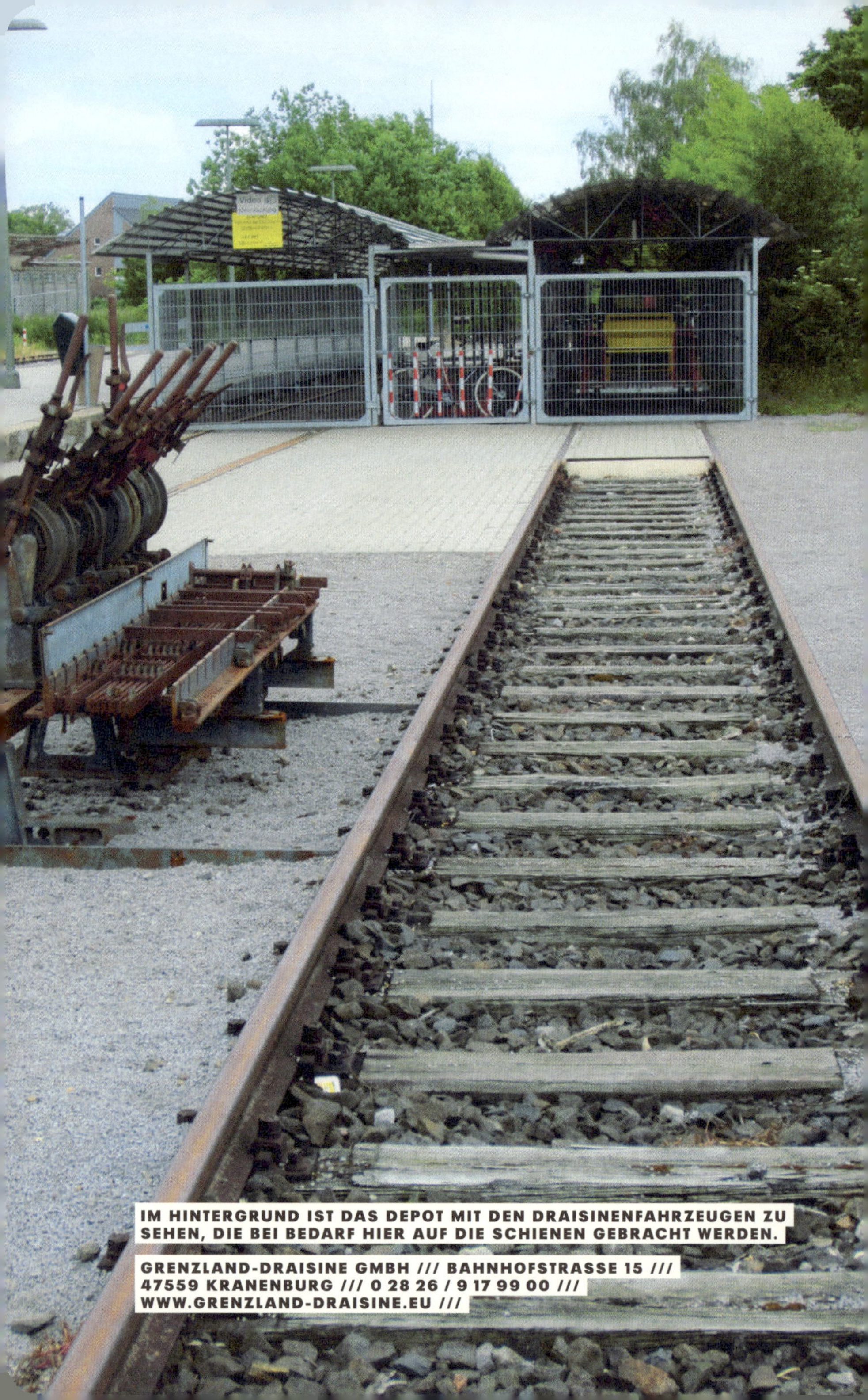

IM HINTERGRUND IST DAS DEPOT MIT DEN DRAISINENFAHRZEUGEN ZU SEHEN, DIE BEI BEDARF HIER AUF DIE SCHIENEN GEBRACHT WERDEN.

GRENZLAND-DRAISINE GMBH /// BAHNHOFSTRASSE 15 /// 47559 KRANENBURG /// 0 28 26 / 9 17 99 00 /// WWW.GRENZLAND-DRAISINE.EU ///

MIT MUSKELKRAFT AUF SCHIENEN DURCH DIE LANDSCHAFT

Draisinenbahnhof in Kranenburg

9

Ein Fahrzeug, das nur durch Muskelkraft angetrieben wird, gleitet fast lautlos über die Schienen. Wer hat's erfunden? Nein, nicht die Schweizer – Karl Drais stellte Mitte des 19. Jahrhunderts zunächst eine Laufmaschine vor, aus der er später die nach ihm benannte ›Draisine‹ entwickelte. Damals als Arbeitsgerät konzipiert, dient es heute vornehmlich dem Freizeittourismus. Von Kranenburg aus bietet die Grenzland-Draisine Interessierten zwei unterschiedlich lange Touren, um die Gegend mit dem Schienenfahrzeug zu erkunden: ›Die Ausgiebige‹ führt von Kranenburg nach Kleve und zurück über das naturbelassene Niedermoor Kranenburger Bruch, die Mühle Donsbrüggen und Schloss Gnadenthal bis zu den historischen Gartenanlagen in Kleve mit Blick auf das Amphitheater. ›Die Grenzenlose‹ ist nur halb so lang und hat die kleine holländische Gemeinde Groesbeek zum Ziel. Das dortige Nationale Befreiungsmuseum ist einen Besuch wert. In der Grenzregion wird auf niederländischem Gebiet sogar Wein angebaut.

Bis zu 14 Personen finden Platz auf der Clubdraisine. Während vier strampeln müssen, können es sich die Übrigen rund um einen Tisch bequem machen und die gemächlich vorbeiziehende Landschaft genießen. Fahrraddraisinen eignen sich dagegen für zwei bis vier Personen, also vorzugsweise für Paare oder Familien.

Die Saison startet Anfang April und endet in der ersten Novemberwoche. Ein besonderes Highlight sind die Thementouren. Die Lichterfahrt mit niederrheinischen Häppchen auf mit Fackeln beleuchteten Draisinen startet am frühen Abend in Kleve und endet in Kranenburg. Unterwegs gibt es typisch niederrheinische Snacks wie Graubrot mit Griebenschmalz oder Schwarzbrot mit Käse und Rübenkraut. Zum Abschluss wird Armer Ritter mit einem Glas Prosecco serviert.

Im Bahnhof Kranenburg steht die ›Donnerbüchse‹, ein historischer Eisenbahnwaggon von 1928. Diese Imbissbude auf Schienen bietet Snacks und Getränke.

BSP
NATIONAAL FIETSMUSEUM VELORAMA /// WAALKADE 107 ///
6511 NIMWEGEN /// NIEDERLANDE /// 00 31 / 24 / 3 22 58 51 ///
WWW.VELORAMA.NL ///

FAHRRAD-FANS AUFGEPASST!

Fiets-Museum VELORAMA in Nimwegen

10

In der holländischen Stadt Nimwegen befindet sich ein sehenswertes Fahrradmuseum, das das Herz des Niederrheiners höher schlagen lässt. Präsentiert werden im ›Nationaal Fietsmuseum VELORAMA‹ auf drei Etagen Fahrräder verschiedener Epochen, angefangen vom ersten Laufrad von 1817 über verschiedene Zwei-, Drei- und Vierräder bis hin zum heutigen Fahrrad, um die Geschichte des Stahlrosses, seiner Konstrukteure, Fabrikanten und vor allem seiner Nutzer zu erzählen. Das VELORAMA ist das einzige Fahrradmuseum in den Niederlanden. Dessen umfangreiche Ausstellung entstand aus einer Privatsammlung und zeigt mehr als 250 Drahtesel – ergänzt durch Fahrradliteratur. Die Exponate stehen für fast zwei Jahrhunderte Fahrradgeschichte. Das Haus verfügt über eine eigene Werkstatt, in der die Neuerwerbungen restauriert werden.

Wie der Holländer ist auch der Niederrheiner ohne den heiß geliebten Fahruntersatz nicht vorstellbar. Meist bevorzugt er das robuste Hollandrad, ein verlässliches Vehikel, mit dem man angenehm und sicher durch den Ort, zur Arbeit, zum Einkauf oder zum Nachbarn kommt. Das Wort ›Fiets‹, mit dem die Niederländer ihr Lieblingsfahrzeug bezeichnen, wurde ins niederrheinische Platt übertragen.

Dass man hier so gerne Rad fährt, hängt natürlich mit den geografischen Gegebenheiten zusammen, denn solch ein Fahrrad eignet sich eben besonders für das flache Land. Dort bietet es sich als Transportmittel einfach an und ist deshalb im Straßenbild des Niederrheins schon lange eine Selbstverständlichkeit. Ein Mensch, der nicht Rad fahren kann, ist hier nahezu undenkbar. So eint das Fahrrad die Generationen, denn schon die kleinen ›Doppen‹ erlernen, kaum dass sie gehen können, das Fahrradfahren, und es gibt keine Altersgrenze nach oben.

Das Café ›Velocitas‹ im Erdgeschoss des Hauses bietet dem Gast die Möglichkeit, sich inmitten historischer Fahrradkultur zu stärken.

DER KLEVER REICHSWALD ERSTRECKT SICH ZWISCHEN GOCH, KLEVE UND KRANENBURG. ÜBER DIE BUNDESSTRASSE 9 GELANGT MAN ZU DEM ZUSAMMENHÄNGENDEN WALDGEBIET.

DER WALD STEHT SCHWARZ UND SCHWEIGET

Klever Reichswald

11

Ein Ausflug in den Reichswald hat einen ganz eigenen Reiz: Seine hoch aufragenden Bäume erscheinen dem Spaziergänger hoheitsvoll und mystisch. Das geheimnisvolle Dunkel, das einen hier umfängt, erinnert mich immer an die Geschichten vom Räuber Hotzenplotz oder die Märchen der Gebrüder Grimm. Im dichten Unterholz findet sich sicherlich ein abgebrochener Ast als Wanderstab, und los geht's auf einem der zahlreichen Pfade!

Zwar gilt der Niederrhein als eher waldarm, doch der Reichswald im Westen Nordrhein-Westfalens mit einer Fläche von 5.100 Hektar ist beeindruckend. Er ist der größte zusammenhängende Forst zwischen Goch, Kleve und Kranenburg und grenzt direkt an die Wälder der Niederlande. Auffällig ragt er aus der flachen Ebene heraus, weil er auf dem von eiszeitlichen Gletschern aufgeschobenen niederrheinischen Höhenzug liegt.

Seit dem Mittelalter ist der Name des ›Reichswaldes‹ belegt, der ursprünglich zu dem zwischen Nimwegen und Xanten gelegenen ›Ketelwald‹ gehörte. Schon in jener Zeit spielte dieser Forst, der als Jagdrevier genutzte wurde, für die Herrscher eine wichtige Rolle. Bevor der Reichswald 1247 an den Grafen von Geldern und 1418 zum Herzogtum Kleve überging, gehörte er zur Kaiserpfalz Nimwegen. Im Laufe der Jahrhunderte verkleinerte sich der Wald aufgrund von Rodungen, um den Niederrhein mit Holz zu versorgen, doch vor 1945 galt er als einer der größten geschlossenen Forstbezirke im Westen des Deutschen Reiches. Im Februar und März 1945 fanden im Reichswald erbitterte Kämpfe zwischen der deutschen Wehrmacht und den Alliierten statt. Heute ist er ein beliebtes Naherholungsgebiet für Wanderer, Reiter und Radler. Das nicht bewirtschaftete Naturschutzgebiet Geldenberg gibt wild lebenden Pflanzen und Tieren die Möglichkeit, sich ungehindert zu entfalten.

Mitten im Wald liegt zwischen Kleve und dem holländischen Gennep der ›Britische Ehrenfriedhof‹, eine sehenswerte architektonisch streng gestaltete Parkanlage.

ANFAHRT ÜBER DIE A 57, ABFAHRT GOCH/KLEVE AUF DIE B 9 RICHTUNG KLEVE, K 8 ASPERBERG, KESSELER STRASSE, KÖNIGSBERGER STRASSE ZUR ORTSMITTE.

TOURIST INFO /// RATHAUS, MARKT 2 /// 47574 GOCH /// 0 28 23 / 32 01 48 /// WWW.NIERSWALDE.DE ///

BLUMENDORF IM REICHSWALD

Goch-Nierswalde

12

Nierswalde ist jung und doch schon so geschichtsträchtig – erst seit 1951 gibt es die Siedlung, deren Name auf den nahen Fluss Niers und den Reichswald verweist. Schon bald sah das Blumendorf einer goldenen Zukunft entgegen, denn 1965 erhielt Nierswalde im Wettbewerb ›Unser Dorf soll schöner werden‹ als Bundessieger die Goldmedaille. Damals noch selbstständig, wurde die Siedlung 1969 Ortsteil von Goch. Im Laufe der Jahre mussten die meisten Geschäfte schließen, genauso die Schule, die seit Kurzem aber als komfortables Gästehaus einlädt.

Viele Vereine beleben mit ihren Aktivitäten das kleine Dorf mit seinen knapp 1.000 Einwohnern. Bekannt ist das Erntedankfest, das mit seinem prächtigen Umzug auch viele Menschen von außerhalb anlockt. Zahlreiche Gärtnereien charakterisieren das Blumendorf, die früher oft Schnittblumen kultivierten, sich später vielfach auf bestimmte Topfpflanzen spezialisierten. Beliebt bei Gartenfreunden ist das bunte Angebot an Beet- und Balkonpflanzen direkt aus dem Treibhaus.

In Nierswalde wird man zudem mit deutscher Geschichte konfrontiert: Die Siedlung entstand in der Nachkriegszeit mitten im Reichswald; dafür wurde der 1945 stark zerbombte Forst gerodet, um den vielen Vertriebenen aus dem Osten eine neue Heimat zu schaffen. So plante man die drei Siedlungen A, B und C mit jeweils einer Kirche, einer Schule und einer Mehrzweckhalle im Ortskern. Nach Konfessionen getrennt entwickelten sich daraus das evangelische Nierswalde und das katholische Reichswalde, Rodenwalde blieb dagegen unvollendet. Der Heimatbrunnen auf dem Dorfplatz nahe dem Fischteich erinnert genauso wie die Heimatstube und die kunstvollen Schilder, beispielsweise die der Königsberger- und Brombergerstraße, an die ursprüngliche Heimat vieler Bewohner.

Der ›Nierswalder Kuhhof‹ in der Triftstraße bietet für Gruppen diverse Führungen und Veranstaltungen zur Bedeutung der Milch, der Kühe und Kälbchen an.

ZUM SANDWIRT /// EYCKSCHESTRASSE 54 ///
47574 GOCH-PFALZDORF /// 0 28 23 / 54 37 ///

BODENSTÄNDIGE KOST IN LÄNDLICHER GEGEND

Gaststätte Zum Sandwirt in Goch-Pfalzdorf

1/11

Sie liegt etwas versteckt in einem Waldstück und ist nicht leicht zu finden, seit die Stadt Goch die wichtigste Zufahrt für den Autoverkehr gesperrt hat. Wer sich jedoch nicht abschrecken lässt und über – ausgeschilderte – Seitenstraßen hierher gelangt, wird mit einer guten Mahlzeit in idyllisch-ruhiger Umgebung belohnt. Bruno Verhülsdonk ist in der dritten Generation Inhaber der traditionsreichen Ausflugsgaststätte ›Zum Sandwirt‹. Das Restaurant, das 1957 in Pfalzdorf eröffnet wurde, ist eher eine Art Geheimtipp, eilige Durchreisende werden sich wohl seltener hierher verirren. Die Speisekarte wartet mit gutbürgerlicher Küche auf, vor allem die großen Schnitzel in diversen Variationen genießen einen legendären Ruf – mein persönlicher Favorit ist das riesige Zigeunerschnitzel! Das Ambiente des Speiseraums wirkt rustikal und fast schon familiär. Die Stammgäste kommen vorwiegend aus der näheren Umgebung. Sie wissen das deftige Angebot zu schätzen und fühlen sich sichtlich wohl. Es geht sehr vertraut zu, man kennt sich und trifft sich gern beim ›Sandwirt‹. Die Chancen, ein oft lautstark geführtes Alltagsgespräch in original niederrheinischem Dialekt mitanzuhören, stehen recht gut.

An das Restaurant angeschlossen sind ein kleines Tiergehege mit Federvieh, darunter einige prächtige Pfauen, und ein See mit Enten, die vor allem bei Kindern hoch im Kurs stehen. Auch einige Rehe grasen unter den Bäumen. Im Sommer hat man vom Biergarten aus diese Fauna-Idylle im Blick. Zu privaten Festen werden Räumlichkeiten im Parterre vermietet. Auch wer mit dem Rad unterwegs ist, kann beim ›Sandwirt‹ einen Zwischenstopp einlegen und bei einem kühlen Getränk neue Kräfte sammeln, bevor es schließlich gemächlich weitergeht duch die abwechslungsreiche niederrheinische Landschaft – spannende Ziele gibt es genug!

Pfalzdorf gehört zur ›Pfälzischen Sprachinsel‹ am Niederrhein. Die Siedler aus der Kurpfalz behielten bis heute ihre Mundart und ihr Brauchtum bei.

VOLKSHOCHSCHULE IM LANGENBERG-ZENTRUM GOCH ///
ROGGENSTRASSE 39 /// 47574 GOCH /// 0 28 23 / 60 60 ///
WWW.VHS-GOCH.DE ///

AKTIV UND KREATIV IM LANGENBERG-ZENTRUM

Volkshochschule in Goch

13

Kunstvortrag, Sprachkurs oder Bodywork? In der Weberstadt kommt das vielseitige Programm für Wissbegierige, Aktive und Kreative aus einem ehemaligen Künstlerhaus. Das ›Langenberg-Zentrum‹ ist nämlich die Heimat der VHS in Goch, ein Zweckverband, zu dem die nahen Ortschaften Kevelaer, Weeze und Uedem gehören. Erwachsenenbildung ist längst ein Markt vielfältiger Möglichkeiten, vom Erwerb diverser Schlüsselkompetenzen über modernes Gesundheitsmanagement, buntes Kulturprogramm bis hin zum Freizeitspaß.

Die ideenreichen Mitarbeiter der Gocher Volkshochschule haben ihre Büros im traditionsreichen ›Langenberg-Zentrum‹, der Wirkungsstätte des Bildhauers Ferdinand Langenberg (1849–1931). Und hier, nahe der Stadtmauer, befinden sich im historischen Ambiente hinter der Fassade der Roggenstraße 39 auch Kursräume und ein Vortragssaal, in dem zudem Wechselausstellungen und Konzerte stattfinden.

Daneben dient seit 2008 das ehemalige Wohnhaus Langenbergs als Sitz der Kunststiftung Goch. Der Bildhauer, der nach seiner Lehrzeit in Aachen, München und Rom 1876 in seine Heimatstadt zurückkehrte, verstand sich auf die kunstvolle Bearbeitung von Holz. Er eröffnete eine gefragte Bildhauereiwerkstatt in Goch, in der ihn fleißige Figuren- und Ornamentschnitzer unterstützten. Langenberg, der den neugotischen Stil vertrat, bekam große Aufträge von Kirchen am Niederrhein und in Holland. Beispielsweise restaurierte er die spätgotischen Schnitzaltäre in St. Nicolai in Kalkar. Dass er sein Backsteinhaus mit der Werkstatt mit einem geschnitzten Zierfachgiebel und einem Figurenfries versah, kann man sich heute noch anschauen. Und auch wenn der Gebäudekomplex längst modernisiert wurde, inspiriert Langenbergs Geist heute nicht nur die Kunstfreunde. Das Haus ist offen für alle – vom Krabbelkind bis zum Silver-Ager.

Regelmäßig finden hier bei freiem Eintritt die klassischen ›KaffeeKonzerte‹ der KultOURbühne Goch mit jungen Künstlern der Musikhochschule statt.

GOLI THEATER /// BRÜCKENSTRASSE 39 /// 47574 GOCH ///
0 28 23 / 9 76 17 78 /// WWW.GOLITHEATER.DE ///

VORHANG AUF IM NOSTALGIEKINO!

Goli Theater in Goch

14

Die ersten Kinofilme habe ich hier gesehen, anfangs einige Märchen, später schwärmte ich für die Western mit Terence Hill. Ach, was war das für ein beeindruckendes Kinoerlebnis! Diese knisternde Spannung, wenn man im dunklen Raum auf den hölzernen Klappstühlen vor der riesigen Leinwand saß. Und dann öffnete sich verheißungsvoll der schwere samtene Vorhang. Die Vorstellung konnte beginnen …

Dass in diesem traditionsreichen Kino seit Kurzem wieder Filme gezeigt werden, ist einfach toll! Die wechselvolle Geschichte des Hauses, das zu den ältesten Kinos Deutschlands gehört, reicht immerhin bis 1911 zurück. Nachdem Otto Skötsch Anfang des 20. Jahrhunderts in Nordamerika begeistert das Medium Film entdeckt hatte, bot er bald daraufhin in Deutschland selbst Kinovorführungen an. Schließlich eröffnete die Familie Skötsch 1914 in Goch ein eigenes Kino, die ›Gocher Lichtspiele‹. Das nach dem Krieg 1953 neu erbaute ›Goli‹ zeigt sich bis heute im klassischen Gewand der 1950er-Jahre. Zwar musste das Kino 1995 schließen, im Jahr 2009 wurde es jedoch renoviert wiedereröffnet. Inzwischen wird das Goli Theater von einem engagierten Kinoverein betrieben, der an bestimmten Kinotagen ein kleines, aber feines Programm für die ganze Familie anbietet – sogar mit Popcorn und Getränken für ›kleines Geld‹, Vor allem sind es ›künstlerisch und kulturell wertvolle‹ Filme, die der Verein zeigt. Auf seiner Bühne finden aber auch Veranstaltungen zu Literatur und Musik statt. So lockt er die Cineasten also wieder, der schwungvolle diagonale Schriftzug mit dem charakteristischen G an der Fassade des Gebäudes. Das Goli atmet den Zeitgeist einer vergangenen Epoche und verspricht gleichzeitig vollendeten Filmgenuss in nostalgischem Ambiente.

Im Stadtkern sollte man auch die alte Wassermühle an der Susbrücke, das Gocher Steintor und die 2011 neugestaltete ›Niersswelle‹ besuchen.

HISTORISCHER MARKTPLATZ VON KALKAR /// HINTER DEM MARKT ///
47546 KALKAR /// WWW.KALKAR.DE ///

DER STUMME RICHTER

Die Gerichtslinde auf dem Marktplatz von Kalkar

15

Er ist beeindruckend, der prächtige Lindenbaum, der in Kalkar mitten auf dem Marktplatz steht. Immer wieder setze ich mich gern auf die Bank, die rund um den dicken Stamm führt, um das tägliche Treiben zu beobachten oder um mich auszuruhen. Dabei ist es schwer zu glauben, dass dieser Baum fast 470 Jahre alt ist und unter seiner Krone schon viele Schicksale entschieden wurden. An dieser Stelle saßen früher die Kalkarer Bürger zu Gericht und fällten gemeinschaftlich ihre Urteile.

Und wirklich: Historisches Flair weht durch die Gassen, die mittelalterliche Vergangenheit scheint überall präsent zu sein. Auch wenn Kalkar im Zweiten Weltkrieg stark zerstört wurde, hat man es nach und nach originalgetreu wieder aufgebaut – körperlich spürbar macht dies das holperige Kopfsteinpflaster auf dem Marktplatz. Das Zentrum wirkt weitläufig für das kleine Städtchen mit seinen Backsteinbauten. Schon aus der Ferne ist der 70 Meter hohe Turm der dreischiffigen Stadtpfarrkirche St. Nikolai sichtbar, die mit ihren weltberühmten Schnitzaltären viele Kunstfreunde anlockt. Im Jahre 1230 gründete Graf Dietrich VI. von Kleve auf einer Sandbank des Rheins die Stadt, die bis 1936 ›Calcar‹ hieß. Bald entstand der Markt mit den traditionsreichen spätgotischen Giebelhäusern und dem Rathaus. Dieser schmucke Bau wurde 1445 in niederrheinischer Backsteinarchitektur fertiggestellt und ist das größte freistehende gotische Rathaus im Rheinland. Es ist Obergericht mehrerer Städte aus dem Umland, weshalb Göttin Justitia über dem Renaissanceportal heute wieder auf Latein verkündet: ›Achtet die Gerechtigkeit, die ihr auf Erden Richter seid.‹

So verwundert auch die Tradition der Gerichtslinde nicht, die auf germanischen Brauch zurückgeht. In Mitteleuropa war die Linde oft Mittelpunkt des Ortes, war Treffpunkt und Nachrichtenbörse der Menschen, die dort lebten.

Vergnügen für die ganze Familie findet man im Freizeitpark ›Wunderland Kalkar‹, das aus dem ehemaligen Kernkraftwerk ›Schneller Brüter‹ entstanden ist.

KALKARER MÜHLE AM HANSELAERER TOR /// MÜHLENSTEGE 8 ///
47546 KALKAR /// 0 28 24 / 9 32 30 /// WWW.KALKARER-MUEHLE.DE ///

NIEDERRHEINISCHE KAFFEETAFEL, BIER UND STEINOFENBROT

Kalkarer Mühle

2/11

Als Besucher fühlt man sich sofort in eine andere Zeit versetzt, wenn man hinter dem Marktplatz auf die weithin sichtbare Kalkarer Mühle zustrebt. Wie in vergangenen Zeiten drehen sich deren gewaltige Flügel, in der Steinofenbäckerei duften frisches Brot und exotische Gewürze und im Gastraum glänzt der kupferne Braukessel, in dem das spritzige Mühlenbier hergestellt wird. In solch einem historischen Ambiente schmecken die niederrheinischen Spezialitäten gleich noch mal so gut. Mühle, Scheune und Müllerhaus bilden ein denkmalgeschütztes Ensemble, das Mitte der 1990er-Jahre restauriert wurde. Die Mühle ist heute größtenteils auf dem technischen Stand wie in ihren Anfangsjahren gegen Ende des 18. Jahrhunderts – der Mahlbetrieb ist windabhängig!

Im Jahr 1770 wurde die Mühle aus Abbruchsteinen des Kalkarer Stadttores gebaut, um sie als Lohmühle zu nutzen und Eichenrinde zu verarbeiten. Erst ab 1800 mahlten Müller dort ihr Getreide. Die mächtige Windmühle, eine Galerie-Holländermühle, ist mit mehr als 27 Metern Höhe und einem unteren Umfang von fast 35 Metern die größte am Niederrhein. Lange Zeit existierte sie jedoch nur mehr als Stumpf am Rande von Kalkar, bis sich der Mühlenverein rührig um die Restaurierung und Wiedernutzung kümmerte. Regelmäßig wird hier nun wieder Korn gemahlen und im Steinofen des Backhauses zu Brot verarbeitet. Das Restaurant bietet gutbürgerliche niederrheinische Küche an, verfeinert mittels kleiner Raffinessen. Den Jahreszeiten entsprechend stehen auch Spargel oder Muscheln auf der Speisekarte. Es gibt sowohl rustikale Kleinigkeiten als auch opulente Buffets. Eine besondere Spezialität aber ist natürlich das frische selbstgebraute Bier. Wer will, kann im Schankraum oder im Mühlenturm Platz nehmen, bei gutem Wetter im zünftigen Biergarten im Hof.

Im zweiten Stock der Mühle kann der ›Gildenraum‹ für Festivitäten genutzt werden, die dritte Etage ist Ausstellungen niederrheinischer Künstler vorbehalten.

EINE INDUSTRIERUINE ALS FREIZEITPARK

Der Schnelle Brüter von Kalkar

Nicht allzu weit entfernt von der alten Römerstadt Xanten, unmittelbar bei Kalkar, gibt es eine weitere ›antike‹ Sehenswürdigkeit zu bestaunen, ein gigantisches technisches Ungetüm, das allerdings nur einen Bruchteil der Jahre auf dem Buckel hat wie die Grundmauerreste des Archäologischen Parks. Gleichzeitig möchten sich die Besucher, die hier Entspannung suchen, auch gar keine tiefschürfenden Gedanken machen über die ursprüngliche Funktion der riesigen Betonanlage, die engagierten Atomkraftgegnern noch heute eine Gänsehaut über den Rücken jagt. Die Rede ist vom ehemaligen ›Schnellen Brüter‹ von Kalkar, jenem Atomkraftwerk, das nach 14 Jahren Bauzeit 1985 fertiggestellt und nie in Betrieb genommen wurde – was den unermüdlichen Protesten der unmittelbar betroffenen Anwohner, gerichtlichen Eingaben und permanenten Demonstrationen der bundesweiten Anti-Atomkraftbewegung zu verdanken ist. Lange Jahre stand der Betonklotz deshalb ungenutzt in der idyllischen Landschaft herum; ihn abzureißen wäre für das Land und den Bund zu teuer gewesen.

Inzwischen ist die ehemalige Industrieruine in einen Vergnügungspark verwandelt worden. Ein holländischer Unternehmer kaufte das Grundstück mit seinen Betonklötzen kurzerhand auf und gestaltete das Gelände um, indem er die nicht genutzten Gebäude umwidmete und geschickt ins Freizeitgelände integrierte. Anfangs hatte das Ganze die eher unheimliche Bezeichnung ›Kernwasser-Wunderland‹, und unschöne Erinnerungen an die Atomkraft hielten sicherlich den ein oder anderen potenziellen Besucher davon ab, ausgerechnet hier einen Teil seiner Freizeit zu verbringen. Ein neuer Name musste also her, und aus dem ›Kernwasser‹ wurde ›Kernie‹, das erinnert irgendwie an ›Disney‹ und weckt Erwartungen an niedliche Figuren und lustige Fahrgeschäfte, an Eis, Cola und Pommes – eben alles, was insbesondere Kinder so lieben. Denn diese sind sicher die Hauptzielgruppe des Betreibers. Letztendlich heißt der Park nun ganz unverfänglich ›Wunderland Kalkar‹.

Bei der Anfahrt mit dem Auto zeichnet sich schon von Weitem der gigantische Kühlturm vor der idyllischen flachen Landschaft und dem weiten Himmel ab. Nach dem nicht ganz preiswerten Eintritt ist von nun an bis zur Abreise (fast) alles inklusive, Übernachtung in einem der zahlreichen Hotels, Verpflegung und Nutzung der Fahrgeschäfte und Sportanlagen. Man sollte sich jedoch bewusst sein, dass man eine andere Welt betritt, die künstlicher kaum sein kann. Das reicht von der pompös-kitschigen Eingangshalle bis hin zu den Themenattraktionen, etwa dem Westernsaloon oder dem antikrömischen Weinkeller. Unwillkürlich fühlt man sich in den genialen Science-Fiction-Klassiker ›Westworld‹ versetzt, wo in nicht allzu ferner Zukunft gut betuchte Urlauber in eine perfekt ausgestattete, vergangene Welt reisen können, um dort frei von allen moralischen Zwängen im Wilden Westen als Outlaw, in einem mittelalterlichen Schloss als schwertschwingender Ritter oder im dekadenten Rom als genießerischer Lüstling ihre dunklen Triebe auszuleben. Fast erwartet man bei einem flüchtigen Blick über die Schulter unvermutet Yul Brynner gegenüberzustehen, der mit »Na los, zieh' schon, Bubi!« unmissverständlich zu einen Revolverduell herausfordert.

Wen das alles nicht stört und wer sich für ein paar Tage dem puren Vergnügen wie auf einer Kirmes hingeben will, ist hier gut aufgehoben. Für Kinder ist es ganz gewiss ein Paradies, alle Karussells und Sportangebote so oft und so lange nutzen zu können, wie sie wollen. Und auch die Großen kommen voll auf ihre Kosten. Wer Sport treiben will, kann dies hier ausgiebig praktizieren. Für Kletterfreaks steht sogar der massige Kühlturm, das bunt bemalte Wahrzeichen der Anlage, zur Verfügung.

NATIONALPARK DE MAASDUINEN /// 5851 NIEUW-BERGEN, NIEDERLANDE /// WWW.NP-DEMAASDUINEN.NL /// IVN CONSULENTSCHAP LIMBURG /// GODSWEERDERSTRAAT 2 /// 6041 GH ROERMOND /// 00 31 / 47 5 / 38 64 60 ///

VOM WINDE VERWEHT

Nationalpark De Maasduinen bei Nieuw-Bergen 16

Dünen! Etwa am Niederrhein? Tatsächlich: Eine besondere Attraktion sind die Maasdünen, die sich in dem ausgetrockneten Bett der Maas gebildet haben. Diese auffälligen Hügel entstanden gegen Ende der letzten Eiszeit, als große Teile Limburgs mit einer Schicht Flugsand bedeckt waren. Schließlich türmte der Wind sie zu bis zu 20 Meter hohen Erhebungen auf, die wegen ihrer Hufeisenform auch ›Paraboldünen‹ genannt werden. Heute findet sich daher im Nordosten der Provinz Limburg der längste Binnendünengürtel der Niederlande.

Der 4.500 Hektar große Nationalpark De Maasduinen liegt am Ostufer der Maas und führt etwa 40 Kilometer entlang der Grenze von Gennep bis nach Venlo. Das Naturschutzgebiet kann täglich von Sonnenauf- bis Sonnenuntergang besucht werden. Maaswiesen, Heidefelder, Laub- und Nadelwälder, einzelne Seen, Teiche, Tümpel und Moore prägen die leicht hügelige und sandige Landschaft. Ein großes Netz an Routen und Pfaden lädt zum Spazierengehen, Wandern, Reiten und Radfahren ein. Für den Besucher gibt es Natur- und Entdeckerkarten sowie einen Veranstaltungskalender mit Exkursionen und Aktivitäten. Interessant ist die hiesige Flora und Fauna, weil auch seltene Pflanzensorten und Tierarten zu entdecken sind. Neben der Vielfalt an Blumen, Bäumen und Gräsern wie der Besenheide, Sand-Segge oder diversen Flechtenarten begegnen einem Rinder, Schafe oder Ziegen und sogar Reptilien, Amphibien, verschiedene Fledermaus- und über 20 Libellenarten. Auf dem Logo des Nationalparks De Maasduinen ist der Kranich abgebildet, weil dieser Vogel hier überraschend im Frühling und Herbst Station macht. Seit Kurzem gibt es am Eingang des Geländes in Nieuw Bergen ein nagelneues Besucherzentrum mit Gastronomie. Das flache gläserne Gebäude mit dem naturbewachsenen Dach fügt sich architektonisch ideal in die Landschaft ein.

Verschiedene Abenteuerrouten wie ›Im wilden Wald‹. Naturlehrpfade wie ›Eddy Eend‹ und die ›Lämmerroute‹ machen die Maasduinen für Kinder spannend.

AIRPORT WEEZE FLUGHAFEN NIEDERRHEIN GMBH ///
FLUGHAFEN-RING 60 /// 47652 WEEZE /// 0 28 37 / 66 61 11 ///
WWW.AIRPORT-WEEZE.DE ///

DAS NIEDERRHEINISCHE SPRUNGBRETT IN DIE GROSSE WEITE WELT

17

Airport Weeze

Der sehnsüchtige Blick richtet sich gen Himmel. Wieder startet eine Maschine zu einem der Traumstrände Spaniens, Griechenlands oder Italiens. Wenn das Fernweh lockt, ist es für den nördlichen Niederrheiner ein Glücksfall, gewissermaßen vor der Haustür in himmlische Sphären abheben zu können!

Die amtliche Bezeichnung lautet ›Verkehrsflughafen Niederrhein‹, sich selbst bezeichnet er aber lieber als ›Airport Weeze‹ – das klingt eher nach internationalem Jetset. Und der Billigflieger Ryanair gibt als Zielflughafen sogar ›Düsseldorf Weeze‹ an – dabei liegt der große Bruder immerhin 55 Kilometer entfernt.

Der heutige zivile Flughafen entstand aus dem britischen Militärflugplatz RAF Laarbruch. Schon 1933 gab es hier einen Segelflugplatz. Nach dem Zweiten Weltkrieg bauten die Briten im Jahre 1954 diese Militärbasis, die sie bis 1999 nutzten. 2003 nahm der neue Flughafen Niederrhein den Linienverkehr auf. Heute ist der Airport Weeze mit circa 2,4 Millionen Fluggästen der drittgrößte Flughafen Nordrhein-Westfalens, rund 55 Flugziele werden nonstop in Europa angeflogen. Von Teneriffa im Süden bis ins finnische Lappeenranta, vom schottischen Edinburgh bis nach Zypern starten von Weeze die Flüge. Dennoch gehen die Uhren scheinbar langsamer als auf anderen Flughäfen. Kaum Hektik, es gibt nur eine große Fluggasthalle, und die Zahl der An- und Abflüge bleibt überschaubar. Auch die niederländischen Nachbarn schätzen das Angebot – man muss nicht extra bis nach Schiphol bei Amsterdam fahren. Von der kostenlos zugänglichen Besucherterrasse hat man einen großartigen Blick über das Flughafengelände und die Start- und Landebahn. Bei einem Tässchen Cappuccino kann man seinen Träumen von Sonne, Sand und Meer nachhängen, bis die Liebsten endlich gelandet sind, die abgeholt werden wollen.

Auf dem Flughafengelände befindet sich Deutschlands einziges Royal-Air-Force-Museum. Es erinnert an die Zeit der britischen Luftwaffe am Niederrhein.

JAN AN DE FÄHR /// HOEST-VORNICKER-WEG 9 /// 47652 WEEZE ///
0 28 23 / 69 55 /// WWW.JANANDEFAEHR.DE ///

RAST AN DER NIERS IM PADDLERPARADIES

Ausflugslokal Jan an de Fähr in Weeze

18

Ein kühles Bier vom Fass, erfrischende Limonade, ein Tässchen Kaffee oder andere Köstlichkeiten – darauf freut sich der Niederrheingenießer auf seinem Weg durch die Natur: der Spaziergänger wie der Radfahrer, der Wanderer und der Paddler. Deshalb treffen sie sich alle gern bei ›Jan an de Fähr‹, einem beschaulichen Ausflugslokal mit Biergarten. Es ist ein attraktives Ziel umgeben von Feldern und Wald für diejenigen, die zu Fuß oder per Fiets den Kalbecker Forst durchqueren oder dem Nierswanderweg folgen. Dieser verläuft parallel zu dem gleichnamigen Flüsschen, einem rechten Nebenarm der Maas. Die Niers schlängelt sich idyllisch durch die Landschaft, und Wassersportfreunde schätzen die geringe Strömung, weshalb man hier viele Paddler sehen kann. Gern steuern sie das Lokal ›Jan an de Fähr‹ an, weil es einen eigenen Bootsanleger besitzt. Auch werden sie da extra mit einem eigenen Bereich willkommen geheißen, einer Wiese mit Buden und Spielgeräten für die Kinder. Das ist ideal für eine Pause, manche wählen den Anlegeplatz hinter dem Haus gleich als Endpunkt für ihre Bootstour.

Doch auch die anderen Gäste sind von dem Ausflugslokal angetan, wo es mehr als nur Snacks gibt. So bietet das Restaurant stets Speisen der Saison mit frischen Produkten an, vom Frühstück über Mittagstisch mit ausgewählten Sonntagsmenüs bis zu Kaffee- und Kuchenspezialitäten. Bei ›Jan an de Fähr‹ können zudem größere Gruppen verköstigt und Feierlichkeiten ausgerichtet werden, weshalb das Lokal bei Touristen und Einheimischen gleichermaßen sehr beliebt ist. Natürlich werden besonders die Kinder magisch von der Fähre angezogen, die dem Lokal seinen Namen gegeben hat. Diese lässt sich per Hand von einer auf die andere Seite der Niers kurbeln, wo ein weiterer Spielplatz wartet – ein großer Spaß für alle.

Paddeln auf der Niers ist ein beliebtes Freizeitvergnügen am Niederrhein. Zum Wassersportangebot gehören Touren im Kanu, Kajak oder Schlauchboot.

HAUPTSTRASSE /// 47623 KEVELAER /// WWW.KEVELAER.DE ///

PILGERWEG, EINKAUFSSTRASSE UND VOLKSKULTUR IN DER MARIENSTADT

Hauptstraße in Kevelaer 19

Der Marienwallfahrtsort Kevelaer ist der meistbesuchte Westeuropas und zieht viele Besucher an, auch aus dem Ausland – jährlich allein etwa eine Millionen Gläubige. So ist viel los in dieser kleinen, niederländisch geprägten Stadt, zu deren Bebauung etwa 200 denkmalgeschützte Häuser gehören. Besonders auf der Hauptstraße; das ist eine der Straßen, die zum Zentrum der Wallfahrtsstätte, dem Kapellenplatz, führt. In dieser Fußgängerzone flanieren Sie an vielen einladenden Geschäften, Galerien und Lokalen vorbei. Wie in allen Wallfahrtsorten entwickelte sich die Pilgerstraße nämlich zu einer bunten Geschäftsstraße mit Devotionalienhandlungen, die Kerzen, Rosenkränze und Heiligenfiguren offerieren, aber auch mit Boutiquen, Spielzeugläden und Buchhandlungen. Auf halber Strecke führt ein ruhiger Innenhof in das Niederrheinische Museum für Volkskunde und Kulturgeschichte. Das Regionalmuseum für das deutsch-niederländischen Grenzgebiet zwischen Rhein und Maas wurde 1910 gegründet. Das ›Memoria-Haus‹ zeigt neben den Wechselausstellungen in einer Dauerausstellung historische Zeitzeugnisse der Alltagskultur. Die Sammelschwerpunkte sind Spielzeug, Landwirtschaft, Handwerk, Volksfrömmigkeit und Wallfahrt. Die Spielzeugsammlung enthält viele Puppen, Papiertheater, Kinderbücher, eine Modelleisenbahn und Holzspielsachen wie Steckenpferde und Stelzen. Außerdem werden in der Handwerkergasse alte Berufe vom Küfer bis zum Glasmaler erläutert.

Wieder auf der Hauptstraße strebt man weiter auf den Turm der Marienbasilika zu, in der die großen Pilgergottesdienste stattfinden. Anziehungspunkt ist jedoch der kleine, sechseckige Kuppelbau der Gnadenkapelle von 1654, in der das Marienbild präsentiert wird. Daneben steht die 1645 erbaute Kerzenkapelle, die älteste Wallfahrtskirche von Kevelaer.

Das ›Alt Derp – Haus Stassen‹ eingangs der Hauptstraße verköstigt seit 300 Jahren Pilger und Reisende mit frisch zubereiteten regionalen Spezialitäten.

HACCO'S GRILL /// ROERMONDER PLATZ /// 47623 KEVELAER ///

FAST-FOOD-SCHLEMMEN AM NIEDERRHEIN

Hacco's Grill in Kevelaer

3/11

Sie sind Markenzeichen des Ruhrgebiets, doch auch am Niederrhein sind sie mindestens genauso häufig anzutreffen: die Pommesbuden und Schnellimbisse. Kaum anderswo in deutschen Landen kann man sich auf die Schnelle so unkompliziert mit Bratwurst, Frikadellen und Pommes frites versorgen wie in der Region zwischen Emmerich und dem Rheinland. Und offenbar schmeckt es der hungrigen Laufkundschaft.

Herbert Grönemeyer widmete ihr sogar einen eigenen Song, der Currywurst. Als schneller Genuss im Pappschälchen auf der Hand erwärmt sie – in trauter Gemeinsamkeit mit Pommes Mayo oder scharfer Soße – an kalten Tagen Hände und Magen. Im Sommer bilden sich vor den Imbissbuden stets kleine, gesellige Grüppchen um die meist runden Stehtische.

Seit 2005 stehen Susanne und Hacco mit ihrem mobilen Grillwagen auf dem Roermonder Platz mitten in Kevelaer. Einen Steinwurf entfernt drehen sich bei der Konkurrenz die Hähnchen am Spieß. Ihre Kunden sind zu 60 Prozent Deutsche und zu 30 Prozent Holländer. Das liegt zum einen an der Nähe zur Grenzregion, andererseits an der Beliebtheit von Kevelaer als Wallfahrtsort. Immer gern geordert werden das typisch niederländische Frikandel Speciaal, ebenso wie Bitterballen und die üblichen holländischen Gaumenkitzler aus der Fritteuse. Mittlerweile sprechen die beiden mit ihren Kunden aus dem Nachbarland auch in deren Landessprache – wenn es nicht zu sehr ins Detail geht. Aber für ein freundliches »Dank je wel, mijnheer« und »tot ziens« reichen die Kenntnisse allemal. Und was ist nun Haccos berühmte und beliebte Spezialität? »Die himmlische Currywurst natürlich«, grinst Hacco und verweist auf das Klappschild. Tatsächlich ist ihr Geschmack einzigartig, wohl aufgrund der besonderen Qualität.

Hacco's Grill ist natürlich auch ein beliebter Treffpunkt. Satt wird hier garantiert jeder. Und einen kleinen Plausch gibt's gratis dazu.

☞ Schnellimbisse finden sich in nahezu allen Orten und Städten am Niederrhein, und jeder rühmt sich seiner eigenen Spezialität. Einfach mal probieren!

SCHLOSS HAAG /// BARTELTER WEG 4 /// 47608 GELDERN ///
0 28 31 / 55 50 /// WWW.SCHLOSS-HAAG-GELDERN.DE ///

TANGO IM DORNRÖSCHENSCHLOSS

Schloss Haag in Geldern

20

Wer möchte nicht einmal in einem Bett übernachten, in dem schon Napoleon gelegen hat? Tatsächlich wurde das Schlafmöbel, das sich heute im Gästezimmer im alten Wehrturm befindet, im Jahre 1804 zum Besuch des Kaisers auf Schloss Haag angefertigt. Eine Wendeltreppe im alten Gemäuer führt stilecht in das urige Gewölbezimmer mit Kamin. Schloss Haag ist mit seinen runden Ecktürmen und gotischen Bögen eines der bedeutendsten Wasserschlösser am Niederrhein und liegt am Rande der Stadt Geldern. Das altdeutsche Wort ›haeg‹ bedeutet Gehölz, und noch heute ist das Anwesen wie im Mittelalter von Wald umgeben, sodass es gar nicht so leicht zu entdecken ist. Hier befindet sich auch seit Langem ein land- und forstwirtschaftlicher Betrieb.

Auf diesem Rittersitz waren schon viele Persönlichkeiten zu Gast, dazu zählen Friedrich der Große, Zar Alexander I. und König Wilhelm I. Leider existiert das alte Herrenhaus mit dem prunkvollen Festsaal nicht mehr, es wurde im letzten Krieg zerstört. Ende der 1960er-Jahre rekonstruierte man zumindest die Ringmauer mit dem Wehrgang und den Schießscharten. Auch die äußere Vorburg blieb erhalten, ist aber nicht öffentlich zugänglich, denn hier lebt noch die gräfliche Familie – Schloss Haag ist mittlerweile in der zwölften Generation im Besitz der Familie von und zu Hoensbroechs. Ursprünglich wurde die mehrflügelige Anlage erstmals Mitte des 14. Jahrhunderts urkundlich erwähnt. Im Laufe der Jahrhunderte gab es einige Umbauten, viele davon im 17. Jahrhundert, doch neben diesen barocken sind auch neugotische Details aus dem 19. Jahrhundert vorhanden. Heute können Besucher zumindest den Hof der Burg besichtigen, zudem gibt es ein Café, und im ehemaligen Pferdestall ist ein Restaurant untergebracht. Ein attraktiver Anziehungspunkt für Golfer ist die gut 100 Hektar große Anlage im Außengelände.

Im Café Schloss Haag gibt es nicht nur ein ausgiebiges Frühstück und leckere Kleinigkeiten zu essen, es wird dort manchmal auch Tango getanzt.

TOURISTINFORMATION IM REISEBÜRO VAN STEPHAUDT ///
WALBECKER MARKT 10 /// 47608 GELDERN-WALBECK ///
0 28 31 / 8 04 35 /// WWW.WALBECK.NET ///

EINE PRINZESSIN FÜR KÖNIGLICHES GEMÜSE

Spargeldorf Walbeck

4/11

Am jeweils ersten Sonntag im Mai ziehen prunkvoll geschmückte Wagen und bunte Fußgruppen durch das kleine Örtchen Walbeck und locken mit dieser Prozession viele Touristen an. Die außergewöhnliche Veranstaltung, die mit einem Spargel- und Handwerkermarkt verbunden ist, sollten Sie sich nicht entgehen lassen! Im Mittelpunkt steht da nämlich die liebreizende ›Spargelprinzessin‹ mit ihrem ›Spargelgrenadier‹. Sie hat im Jahre 2000 die fast vergessene ›Spargelkönigin‹ der 1950er-Jahre abgelöst.

Ja, wer freut sich nicht jedes Jahr auf die leckere Spargelzeit, die von April bis zum 24. Juni – dem Johannistag mit dem traditionell letzten Spargelstich – die Feinschmecker nicht nur an den Niederrhein lockt. Und hier finden sich auch die besten landwirtschaftlichen Voraussetzungen für den Spargelanbau. Notwendig dafür ist nämlich neben einem niedrigen Grundwasserspiegel und guter Wasserqualität ein leichter, sandhaltiger Boden, der sich schnell erwärmen kann. Dies bewirkt ein rascheres Wachstum für die zarte Konsistenz des königlichen Gemüses. Welch herrlicher Anblick, wenn die Köpfe des Spargels aus dem Erdreich lugen und prächtige Stangen geerntet werden können!

Alles begann in den 1920er-Jahren mit dem ›Spargelmajor‹ Dr. Klein-Walbeck, der mit dieser delikaten Gemüsepflanze der kleinen Gemeinde am Niederrhein den wirtschaftlichen Erfolg brachte. Sogar eine Spargelbau-Genossenschaft wurde damals gegründet, bis heute die einzige in Deutschland, und machte den Walbecker Spargel seit den 1930er-Jahren überall bekannt. So bieten im Frühling in diesem kleinen Dörfchen ungewöhnlich viele Restaurants diese kulinarische Spezialität an. Auch wenn es heute eine Vielzahl köstlicher Spargelrezepte gibt, genießen die meisten das Gemüse ganz klassisch mit neuen Kartoffeln und Butter oder Sauce hollandaise.

Das Spargeldorf Kessel, das zur Gemeinde Goch gehört, ist ebenso für seinen Spargel und seine speziellen Lokale zur Spargelzeit bekannt.

GRÜNE COUCH /// RATHAUSSTRASSE 1 /// 47638 STRAELEN ///
WWW.STRAELEN.DE ///

GULLIVERS GRASSOFA

Grüne Couch in Straelen

21

Der Niederrhein ist grün. Das fällt auf, wenn man die Landschaft der Region auf sich wirken lässt. Grün steht für die Natur, signalisiert Wachstum, Vitalität und Frische. Und diese Farbe hat sich das niederrheinische Städtchen Straelen als Leitmotiv gewählt, das sich mit dem Slogan präsentiert: ›Alles im grünen Bereich.‹ Grün ist also das Motto der Blumen- und Gemüsestadt Straelen, die ihren Einwohnern und Gästen deshalb seit etwas mehr als zehn Jahren eine ›Grüne Couch‹ anbietet, laut ihrer Philosophie: ›Hier lässt man sich gern nieder.‹ Und dafür steht vor dem Rathaus auf einem mit Natursteinen gepflasterten Podest ein überdimensionales und grasbewachsenes Sitzmöbel bereit. Das stattliche Rasensofa ist 4,60 Meter breit und 2,30 Meter hoch und damit etwa dreimal so groß wie eine normale Couch. Eine Zeitschaltuhr steuert das Bewässerungssystem, damit das Grün frisch bleibt. Gastfreundlich wirkt das originelle Möbelstück mit Naturcharakter, das in kurzer Zeit zum Wahrzeichen von Straelen avancierte und als prägnantes Symbol überall anzutreffen ist. Mittlerweile gibt es ein kleines Pendant der grünen Couch als Wirtschaftspreis.

Straelen wird übrigens nicht etwa, wie fälschlich oft angenommen, ›Strälen‹ gesprochen, sondern ›Straalen‹, denn bei dem e handelt es sich um einen Dehnungsvokal. Die kleine Stadt am unteren Niederrhein nahe der holländischen Grenze ist schon lange ein wichtiges Zentrum der Landwirtschaft und des Gartenbaus. Bereits 1914 fand hier die erste deutsche Gemüseversteigerung nach holländischem Vorbild statt. Seit 1953 wird sie von einer Blumenversteigerung ergänzt, die sich mittlerweile zur größten Deutschlands entwickelt hat. Die ›Landgard‹ ist heute zudem ein Großhandel mit Topfpflanzen und Schnittblumen sowie Obst und Gemüse und befindet sich im Straelener Stadtteil Herongen.

Neben der Kirche befindet sich das ›Europäische Übersetzer-Kollegium‹, das weltweit erste internationale Arbeitszentrum für Übersetzer.

FREIZEITANLAGE WANKUMER HEIDESEE GMBH ///
AM HEIDESEE 5 /// 47669 WACHTENDONK /// 0 28 39 / 2 77 ///
WWW.BLAUELAGUNE.DE ///

KARIBISCHE GEFÜHLE UND EIN HAUCH VON URLAUB

Strandbad Blaue Lagune in Wachtendonk

22

Ein langer, feinkörniger Sandstrand, Sonnenschirme aus dunklem Stroh, eine Liege am Wasser und ein kühles Getränk, dazu Entspannung pur – das sind nicht nur Impressionen von des Deutschen liebster Urlaubsinsel Mallorca, das gibt es auch am Niederrhein, ganz in der Nähe von Wachtendonk. Der Wankumer Heidesee bietet Naherholung für jeden Geschmack, von absoluter Ruhe bis zu sportlichen Aktivitäten.

Eingebettet in eine abwechslungsreiche Landschaft am Rande des Naturparks Schwalm-Nette mit Waldgebieten und kleineren Seen liegt zwischen Straelen, Wachtendonk und Nettetal das Strandbad ›Blaue Lagune‹. Sein karibisch blaues Wasser inspirierte zu der Namensgebung. Das Naturfreibad mit einem Baggersee ist Anziehungspunkt für alle, die für einen oder mehrere Tage einfach mal vom stressigen Alltag abschalten wollen. Die Saison beginnt Anfang April, wenn die Temperaturen steigen und die Sonne nach draußen lockt. Wer nicht gleich auf die Balearen reisen will, findet hier eine adäquate Atmosphäre mit echtem Mallorca-Feeling. Sonnenbaden, Schwimmen und Tauchen sind besonders beliebt. Im See liegt außerdem eine kleine Insel, zu der man mit einer Luftmatratze oder einem Schlauchboot paddeln kann.

Hinter dem Sandstrand erstreckt sich eine große Liegewiese. Für diejenigen, die nicht nur einfach faulenzen wollen, stehen vielfältige sportliche Herausforderungen bereit: Wasserski, Beach-Volleyball, Hochseilgarten, Beach-Soccer und Trampolin sind Attraktionen, die zum Mitmachen einladen. Für einen längeren Aufenthalt kann man sogar ein Ferienhaus, ein Zelt oder eine Schlafhütte buchen. Ist das Wetter dann mal nicht ganz so karibisch, lockt die nähere Umgebung zum Radfahren, Wandern und Reiten.

Am schönsten ist es aber zweifellos, einfach mal dem Alltag zu entfliehen und die Seele baumeln zu lassen – und sei es nur für kurze Zeit!

Im nahegelegenen Hinsbeck gibt es eine 18-Loch-Golfanlage. Einen Besuch wert ist auch der historische mittelalterliche Ortskern in Wachtendonk.

STADT REES, BÜRGERSERVICE /// MARKT 1 /// 46459 REES ///
0 28 51 / 5 11 15 /// WWW.REES-ERLEBEN.DE ///

JEDER HIER EIN ›RHINKIEKER‹

Rheinpromenade in Rees

23

Mitten auf dem Markt in Rees schaut der ›Rhinkieker‹ durch ein Seitensträßchen auf den fließenden Rhein und das Treiben auf der Promenade. Der Kranenburger Künstler Dieter von Levetzow widmete diese aussagekräftige Bronzeplastik 1987 den Einheimischen, die sich seit Jahrhunderten gerne auf dem Marktplatz treffen, um zu klönen und den Strom im Auge zu behalten. Die Kommunikationsfreudigkeit im Ort unterstreicht aber auch die Bronzestatue ›Zwiegespräch‹ (2002) des Bocholter Bildhauers Jürgen Ebert, der zwei Mädchen am Geländer der Rheinpromenade verewigte, die in ein intensives Gespräch vertieft sind. Diese Szene wirkt zeitlos, wohingegen der bronzene Hirtenjunge mit dem störrischen Geißbock (Dieter von Levetzow, 1989) auf den historischen Umstand hinweist, dass es in Rees bis zum Ersten Weltkrieg üblich war, Ziegen zu halten. Viele solcher originellen und lehrreichen Skulpturen erwarten den Besucher im Stadtkern und auf der Promenade, einer der ältesten und schönsten am Rhein.

Rees ist die älteste Stadt am unteren Niederrhein, ihr Name geht auf ›Rys‹ zurück, wie die erste fränkischen Ansiedlung um 500–800 n. Chr. hieß. So ist hier neben moderner Kunst auch viel mittelalterliches Flair zu entdecken, davon zeugt die imposante historische Stadtmauer mit dem Ringwall. Auffällig ist, dass die Bauwerke meist auf den Rhein ausgerichtet sind, die Tore und Türmchen ermöglichen stets die Aussicht zum Fluss. Der Einsatz von Fähren über den Rhein ist hier seit dem 15. Jahrhundert urkundlich nachgewiesen. Heute starten vom Schiffsanleger diverse Rheintouren, unter anderem in die nahe gelegenen Niederlande. Doch es lohnt sich auch, in den Restaurants und Cafés mit Blick auf den Rhein einzukehren und vom Festland aus das Treiben zu studieren – wie der ›Rhinkieker‹ das eben so macht.

Auch für Fahrradfahrer und Inlineskater gibt es in Rees hervorragende Möglichkeiten, auf entsprechenden Wegen am Rhein entlangzusausen.

INSELGASTHOF NASS /// GRIETHERORT 1 /// 46459 REES-GRIETHERORT ///
0 28 51 / 63 24 /// WWW.INSELGASTHOF-NASS.DE ///

REIF FÜR DIE ›INSEL DER GASTLICHKEIT‹

Inselgasthof Nass in Grietherort

5/11

Wer gern Fisch isst, kommt an diesem Haus nicht vorbei. Zwar muss man erst einmal hinfinden, denn der ›Inselgasthof Nass‹, die Oase der Ruhe, liegt ziemlich abseits, aber der Weg lohnt sich! Daher kennen längst nicht nur die Niederrheiner das ländliche Restaurant, das für seine schmackhaften Gerichte und üppigen Portionen berühmt ist. Umgeben von Altrheinarmen liegt das Hotel-Restaurant einige Kilometer von Rees entfernt malerisch in der niederrheinischen Landschaft. Seit 150 Jahren ist das Traditionshaus in Familienbesitz und legt laut eigener Aussage Wert auf frische und hochwertige Produkte, die zum großen Teil aus regionaler Herstellung stammen. Der rustikale ›Inselgasthof‹ ist eine der ersten Adressen am Niederrhein, wenn man sich ein Fischgericht schmecken lassen möchte. Da gibt es neben den Spezialitäten von der nicht weit entfernten Nordsee sogar heimischen Fisch. Die Speisekarte bietet Köstlichkeiten an wie Aalsuppe mit Sahnehaube, gedünstete Regenbogenforelle sowie gebratenen Flussaal, Steinbutt oder Zander- und Schollenfilets. Mein Tipp ist der opulente ›Inselteller‹ mit Matjesfilet, Räucherlachs, Räucheraal, Graved Lachs und Räucherforelle. Als regionale Spezialität beliebt ist außerdem der Holländische Matjes.

Vom gemütlichen Lokal mit Terrasse hat man einen herrlichen Blick auf den Rhein und auf das Fischerstädtchen Grieth. Immerhin zählte der Niederrhein einmal zu den bedeutendsten Gewässern der Binnenfischerei in Deutschland. Das Fischereihandwerk auf einem Aalschokker gehörte lange zur Tradition. Doch dies änderte sich, als die Industrie den Rhein zeitweise zu einem der schmutzigsten Flüsse der Welt machte, wodurch viele Fische ungenießbar wurden oder ganze Arten verschwanden. Mittlerweile hat sich die Wasserqualität aber enorm verbessert, sodass die Rheinfische wieder essbar sind.

Wer partout keinen Fisch mag, der kann hier auch ein Steak oder saisonale Wildgerichte essen. Und übernachten kann man hier ebenfalls!

WESEL UND UMGEBUNG

DER ›ESELSPFAD‹ ZIEHT SICH DURCH DIE GESAMTE INNENSTADT VON WESEL. DARÜBER HINAUS TAUCHEN EINZELNE EXEMPLARE DIESER TIERE OFT AUCH UNVERMUTET AN ANDEREN STANDORTEN IN DER STADT AUF.

STADT WESEL /// KLEVER-TOR-PLATZ 1 /// 46483 WESEL /// 02 81 / 20 30 /// WWW.WESEL.DE ///

BUNTE GRAUTIERE EROBERN EINE STADT

Eselspfad in Wesel

24

An dieser Stelle sei ein tiefer Griff in die Kalauerkiste gestattet. Dass auf die Frage: ›Wie heißt der Bürgermeister von Wesel?‹ als Antwort nur ›Esel‹ infrage kommt, wird dem Leser sattsam bekannt sein. Doch dass die Stadt Wesel sich den Spott zunutze gemacht und das Grautier zu ihrem Sympathieträger erkoren hat, ist so manchem sicherlich neu.

Konsequenterweise baute man im Sommer 2007 die Kunstaktion ›111 Esel für Wesel‹. Entlang eines ›Eselpfades‹ quer durch das Stadtgebiet wurden lebensgroße, kunstvoll bemalte Tiere aus Hartplastik aufgestellt. Mittlerweile sind es weit über 200 dieser Figuren, ein Ende der wunderbaren Eselvermehrung ist nicht abzusehen.

Ein fester Lieblingsplatz ist nur schwer zu fixieren, haben doch alle Kunstwerke ihren eigenen Charme. Am besten erkunden Sie den Weg selbst und küren Ihren persönlichen Favoriten. Da gibt es die eher graue Aphrodite, den kunterbunten Auf Trapp, den Glücks- und den Goldesel, den vornehmen Jupp im Anzug und den knallrotem Woodstock, Edmund dagegen ist gestreift wie ein Zebra. Sie alle dienen als Blickfang für Firmen, stehen auf Dächern und Balkonen sowie in Vorgärten und sogar auf einem Rheingas-Behälter. Ob zu Fuß oder auf dem Drahtesel, auf dem Eselspfad lernt man ganz nebenbei die markanten Wahrzeichen der Stadt kennen, wie die Zitadelle, den Willibrordi-Dom oder die Denkmale der Weseler Originale, den ›langen Heinrich‹ und den ›Bienenkönig‹.

Als Lieblingsesel sei jenes bunte Lasttier genannt, das auf einem Rasenstück in der Steinwüste am Berliner Tor installiert wurde – ein farbiger Kontrastpunkt der Ruhe inmitten des tosenden Verkehrs rund um den geschäftigen Platz.

Witzigerweise ist es gar nicht der Esel, der im Weseler Stadtwappen zu finden ist. Vielmehr sind es drei silberne Wiesel – was auch den Namen der Stadt erklärt.

Mit den realen Eseln Sokrates und Arminius geht es zu festen Zeiten auf eine rund sieben Kilometer lange Erkundungstour durch Wesels Ortsteil Bislich.

WILLIBRORDI-DOM /// GROSSER MARKT /// 46483 WESEL ///
02 81 / 2 89 05 ///

DAS WAHRZEICHEN – FESTLICH UND GASTLICH

Willibrordi-Dom in Wesel

25

Der imposante Dom beeindruckt durch ein besonderes Raumerlebnis. Denn diese große, lichtdurchflutete Kirche wirkt auf den Besucher ungewöhnlich hell und luftig. Ansonsten ist der Innenraum eher schlicht gehalten, aber das ist nicht verwunderlich, handelt es sich doch um eine evangelische Kirche. Am sonst katholisch geprägten Niederrhein, wo laut Böll ›sogar die Hühner katholisch sind‹, ist solch eine repräsentative protestantische Kathedrale ziemlich außergewöhnlich. Im Jahre 1540 trat die Stadt Wesel, damals Hauptort des Herzogtums Kleve, der Reformation bei, und hier befindet sich nun die größte evangelische Kirche des Rheinlandes. Flämische Religionsflüchtlinge bezeichneten 1578 die tolerante Stadt am Rhein als ›gastliches Wesel‹ und fühlten sich hier offenbar willkommen. Sie dankten es mit ihrem Anteil am wirtschaftlichen Aufschwung.

Der Willibrordi-Dom entstand Anfang des 16. Jahrhunderts als spätgotische Basilika mit fünf Kirchenschiffen und prägte die Silhouette der Stadt. Im Zweiten Weltkrieg stark zerstört, baute man das Wahrzeichen Wesels bis Mitte der 1990er-Jahre wieder auf. Ursprünglich entwickelte sich das Gotteshaus aus der alten Weseler Stadtkirche, noch vor 800 n. Chr. gab es an dieser Stelle eine kleine Kirche. Sie gehörte zum Kloster Echternach, wo der Friesenmissionar Willibrord (gestorben 739) beerdigt wurde. Nach ihm ist der Dom benannt. Die Preußen renovierten ihn Ende des 19. Jahrhunderts aufwendig. Da der Innenraum jahrhundertelang für Bestattungen genutzt wurde, befinden sich zur Erinnerung daran etwa 50 Grabsteine an den Wänden. Bemerkenswert ist zudem das große farbige Westfenster im Turm. Viele Bauten und Denkmäler belegen Wesels wechselvolle Geschichte, aber der Willibrordi-Dom, der sich am Kornmarkt eindrucksvoll erhebt, ist der Hauptanziehungspunkt der Innenstadt.

☞ Nebenan am Großen Markt wurde das historische Weseler Rathaus mit flämisch-gotischer Fassade aus dem 16. Jahrhundert erst 2010/11 wiederaufgebaut

DER LIEGEPLATZ DER RIVER LADY BEFINDET SICH AN DER RHEINPROMENADE DIREKT VOR DEM WELCOME HOTEL WESEL UND DEM RESTAURANT LEONARDO.

RIVER LADY PERSONENSCHIFFFAHRT GMBH /// RHEINPROMENADE /// 46487 WESEL /// 02 81 / 8 24 22 /// WWW.RIVER-LADY.DE ///

MISSISSIPPI-FEELING AUF DEM RHEIN

Flussdampfer River Lady in Wesel

26

Die Motoren springen an, das Schiff legt ab und kommt langsam in Fahrt auf dem ›Old Man River‹. Sicherlich werden bald die endlosen Baumwollfelder an den Ufern vorbeiziehen, und die Sklaven werden sehnsuchtsvoll zu den Passagieren herüberwinken und ihren melancholischen Blues anstimmen – doch halt! Wir befinden uns nicht auf dem Mississippi der US-amerikanischen Südstaaten im ausgehenden 19. Jahrundert. Wir schippern ›Vater Rhein‹ entlang, auch wenn unser Dampfer uns etwas anderes suggerieren mag. Die River Lady lief 1970 als Verona auf der Bonn-Oberkasseler Schiffswerft vom Stapel. 1979 wurde sie nach Originalbauplänen eines Mississippi-Dampfers umgebaut und erhielt ihren jetzigen Namen. Seit 1989 ist Wesel ihr Zuhause. Von hier startet sie zu Rund- oder Tagesausflugsfahrten. Die Vergnügungstouren führen den Rhein rauf und runter. Mal ist es der ›Rhein in Flammen‹ bei Düsseldorf, mal geht die Fahrt zum größten Binnenhafen der Welt in Duisburg. Oder man bucht die niederländische Flüsse- und Schleusenrundfahrt nach Arnheim oder Nimwegen. Saison ist jedenfalls von Ostersonntag bis Mitte Oktober und noch einmal im Dezember, wenn der Nikolaus an Bord kommt und an Silvester das neue Jahr auf dem Wasser begrüßt wird.

275 Plätze in den gemütlichen Salons und 225 auf dem Freiluftdeck stehen zur Verfügung. Natürlich gibt's reichlich zu essen und zu trinken. Eine der schönsten Touren ist sicherlich die ›Italienische Nacht‹, wenn der rund 40 Meter lange und mehr als 9 Meter breite Dampfer an einem lauen Sommerabend über den Rhein schippert – wobei das rote Schaufelrad am Heck leider nur Dekoration ist. Schließt man in der Dämmerung die Augen und lauscht den Schiffsgeräuschen, kann man vielleicht Tom Sawyer und Huckleberry Finn auf ihrem selbstgebauten Floß vorbeitreiben sehen – neuen Abenteuern entgegen auf dem ›großen alten Fluss‹!

Zur Zeit des Münchener Oktoberfestes gibt es auf der River Lady eine dazu passende Fahrt. Dann kann man ›Wies'n-stimmung auf dem Rhein‹ erleben.

HOTEL-RESTAURANT WACHT AM RHEIN /// RHEINALLEE 30 ///
46487 WESEL-BÜDERICH /// 0 28 03 / 8 02 98 11 ///
WWW.WACHTAMRHEIN.DE ///

TRUTZIGES RESTAURANTHOTEL AM UFER DES GROSSEN FLUSSES

Hotel-Restaurant Wacht am Rhein in Wesel-Büderich 27

Von der Stadt Wesel aus geht es über die erst 2009 fertiggestellte, imposante Niederrheinbrücke auf die linke, der Kölner würde sagen ›die richtige‹ Seite des Rheins. Hier liegt, etwas abgelegen, der Vorort Büderich. Hinter der Brücke muss man höllisch aufpassen, dass man das grüne Hinweisschild entdeckt, das den Weg nach links zum Ziel des Ausfluges weist. Sonst rast man auf der Ortsumgehung an Büderich vorbei.

Auf den ersten Blick ist man überrascht, wie nahe das wuchtige Hotel tatsächlich am Wasser steht, unmittelbar an der Rheinpromenade. Von der viel gepriesenen, oft aber nicht zu Unrecht als kitschig angesehenen Rheinromantik ist zum Glück nicht allzu viel zu spüren. Es dominiert eher eine gewisse Sachlichkeit. Von der großzügigen Terrasse genießt man einen wunderbar entspannten Blick auf den ›Schicksalsstrom der Deutschen‹, der im Kaiserreich als deutsch-französischer Grenzfluss enorme Symbolkraft innehatte. Deutsche Soldaten hatten das Lied von der ›Wacht am Rhein‹ auf den Lippen, als sie 1870/71 in den Krieg gegen Frankreich zogen. Doch anstelle eines nationalistischen Hochgefühls herrscht nun wieder normale Geschäftigkeit auf dem Rhein. Vollbeladene Schubverbände fahren gemächlich flussaufwärts, während entladene Containerschiffe in die entgegengesetzte Richtung eilen. Nur das entfernte Dröhnen der Dieselmotoren schleicht sich ins Unterbewusstsein, kein Straßenlärm stört die meditative Ruhe. Wer ein wenig Entspannung sucht, ist hier bei einer Tasse guten Kaffees mit Blick auf den großen Fluss bestens aufgehoben.

Das Traditionshotel befindet sich seit 1888 in Familienbesitz. Neben Kaffee, Kuchen und Eis werden im Restaurant regionale und internationale Speisen serviert. Auf der Karte stehen zum Beispiel ›Schmuggler Toast‹ oder Filetplatte ›Wacht am Rhein‹.

Im März 1945 verfolgten Churchill, Eisenhower und Feldmarschall Montgomery vom Balkon des Hauses aus den Übertritt der alliierten Truppen über den Rhein.

KULTURBAHNHOF NIEDERRHEIN /// GÜTERSTRASSE 6 ///
46499 HAMMINKELN /// 0 28 52 / 8 89 38 16 ///
WWW.KULTURBAHNHOF-NIEDERRHEIN.DE ///

EVENTS MIT GLEISANSCHLUSS

Kulturbahnhof Niederrhein in Hamminkeln

28

Hier wird gerockt – und noch viel mehr! Wo bis 1977 die Dampflok vorbeischnaufte und heute ›Der Bocholter‹ ankommt, gibt es außerhalb vom Ortskern Hamminkeln ein Haus, in dem Musik, Theater, Fotografie und Literatur die Hauptrolle spielen. Gemeint ist der alte Bahnhof, der eng mit Deutschlands Eisenbahngeschichte verbunden ist: Hamminkeln kam bereits in den 1830er-Jahren ins Gespräch, als man über einen Haltepunkt zwischen Köln und Amsterdam nachdachte. Doch weil Städte wie Emmerich, die direkt am Rhein liegen, schließlich den Vorzug erhielten, fuhr erst 1878 der erste Zug auf der Strecke ›Wesel–Bocholt‹.

Dem schlichten Stationsgebäude folgte 1914 etwas nördlicher das heutige mehrstöckige Haus mit Walmdach, in dem auch eine Dienstwohnung Platz fand. Denn anfangs war der Hamminkelner Bahnhof noch selbstständig. Als er jedoch 1967 dem Bahnhof Bocholt angegliedert wurde, änderte sich alles. So gab es Bestrebungen, das Bahnhofsgebäude in Hamminkeln abzureißen.

Zum Glück kam es anders: Das Haus entwickelte sich zu einem besonderen Ort der Kreativität. Um 1977 zog unter anderem mit dem Bildhauer Kuno Lange und der Grafikerin Helga Hanisch in das Gebäude die Kunst ein. Ausstellungen wie ›Kunst am Bahnhof‹ und ›Kunst mit Gleisanschluss‹ sorgten für interessierte Besucher. Und auch heute wird im alten Bahnhof Kultur großgeschrieben: Im Oktober 2010 wurde die kultige Talentschmiede Kulturbahnhof Niederrhein ›KuBa‹ eröffnet. Neben vielfältigen Veranstaltungen wie Konzerten und Theateraufführungen gehören Workshops und Seminare, ja, sogar eine Rockschule zum Angebot. Fans von Musik, Literatur, Theater und Comedy finden hier nun eine offene Bühne. Stimmungsvoll für Kulturschaffende und das Publikum ist dieses ganz besondere Ambiente am Bahngleis, an dem Historie und aktueller Zeitgeist gepaart mit Fernweh aufeinandertreffen.

Das Hamminkelner Schloss Ringenberg beherbergt ein Atelier-Zentrum für junge Künstler, dazu im Kellergewölbe ein edles Restaurant.

OTTO-PANKOK-MUSEUM HAUS ESSELT /// OTTO-PANKOK-WEG 4 ///
46569 HÜNXE-DREVENACK /// 0 28 56 / 7 54 /// WWW.PANKOK.DE ///

KUNST-TRÄUME UNTERM WALMDACH

Otto-Pankok-Museum Haus Esselt in Hünxe

29

›Du sollst nur deinen Träumen trauen‹ – so lautete eines der Kunstgebote des engagierten Grafikers und Bildhauers Otto Pankok (1893–1966), einem meiner Lieblingskünstler. Die Ergebnisse seiner Ideen kann man sich im Otto-Pankok-Museum in Hünxe anschauen, im letzten Wohnhaus des Künstlers. Genauer im Ortsteil Drevenack, abgelegen und versteckt mitten in der niederrheinischen Landschaft.

Der Weg dorthin führt durch Felder, Wiesen und Weiden, wo die Straßen immer schmaler werden. Doch frühzeitig weisen Schilder auf das Anwesen hin, sodass man es nicht verfehlen kann. Dann geht es in den Wald. Halt! An einem Tor weist eine Tafel mit expressivem Holzschnitt den weiteren Fußweg. Im Garten sind bereits einige seiner Skulpturen ausgestellt. Idyllisch ist es hier. Ja, diese Abgeschiedenheit und das Landleben genoss der aus Mülheim an der Ruhr stammende Künstler in den letzten Lebensjahren. Seine Anregungen fand Pankok in der Natur, und er fertigte Kohlezeichnungen und Holzschnitte von Menschen, Tieren und Landschaften an. Stets fing er kontrastreich mit nur wenigen Linien gegenständliche Motive ein, die er stilisierte und somit der Wirklichkeit enthob.

Pankok, der in Düsseldorf aktiv war und in den 1920er-Jahren der Künstlergruppe ›Junges Rheinland‹ angehörte, ist dem Expressiven Realismus zuzuordnen. Seine Vorbilder waren Rembrandt, Munch und van Gogh. Schon früh hatte es ihm das niederrheinische Drevenack angetan, aber erst 1958 bezog er dort das traditionsreiche Haus Esselt mit dem Walmdach. In dem dazugehörigen Wirtschaftsgebäude richtete er sich sein Atelier ein. Heute werden dort Besucher empfangen, denn Ehefrau Hulda machte die denkwürdige Werkstätte kurz nach dem Tode des Künstlers zum Otto-Pankok-Museum. Heute wird es von Tochter Eva Pankok geleitet, die zu halbjährlich wechselnden Ausstellungen einlädt.

Der historische Ortskern des nahen Fischer- und Treidlerdorfs Krudenburg an der Lippe steht unter Denkmalschutz und ist ein beliebtes Ausflugsziel.

STRANDHAUS AHR /// AHRSTRASSE 2 ///
46562 VOERDE-GÖTTERSWICKERHAMM /// 0 28 55 / 21 51 ///
WWW.STRANDHAUS-AHR.DE ///

RHEINBLICK IM SCHATTEN DER INDUSTRIE

Strandhaus Ahr in Voerde

30

Genussvoll und entspannt den Rhein genießen – ist das möglich im Schatten des monumentalen Steinkohlekraftwerks Voerde mit seinem etwa 240 Meter hohen Kamin? Der ist auf der Fahrt zum Strandhaus Ahr nämlich schon von Weitem zu sehen. Unablässig strömt weißer Rauch in den Himmel. Bombastisch wirkt das – und ein wenig beunruhigend. Angesichts solcher Industriebauten mag man sich fragen, ob das hier noch der Niederrhein und nicht schon das Ruhrgebiet ist. Die stark befahrene Hauptstraße, an der das angepeilte Restaurant liegt, verbindet Duisburg-Walsum und Dinslaken mit der Stadt Voerde, der ›jungen Stadt am Niederrhein‹! Und hier liegt, auf den ersten Blick vermeintlich wenig idyllisch, das Lokal. Doch es besitzt, welch Überraschung, eine wunderschöne Rheinterrasse!

Das Strandhaus Ahr befindet sich in einem Ortsteil Voerdes, der fast ein Zungenbrecher ist: Götterswickerhamm. Das klingt ein wenig nach Märchenwelt oder antiker Sage. Daran mag auch der große Fisch erinnern, der hoch aufgerichtet, fast menschengroß, den Gast am Eingang des Lokals empfängt. Er soll wohl Appetit machen auf die Fischgerichte, die auf der Speisekarte stehen. Ein Schild wirbt zudem für das Frühstücksbuffet sowie für das zünftige ›Niederrheinische Brotzeitbuffet‹, das jeden Freitag und Samstag von 17–20 Uhr angeboten wird – bei gutem Wetter auch auf der Rheinterrasse.

Wenn es kalt ist, kann man sich in den gemütlich eingerichteten Innenraum oder ins Kaminzimmer zurückziehen, doch bei sonnigem Wetter lockt die Aussicht aufs Wasser. Dort sitzen wir gerne, hinter der Windschutzscheibe, blicken auf die Rheinwiesen oder beobachten vorbeiziehende Schiffe. Herrlich! Ja, das ist wie im Urlaub. Sollen wir uns vielleicht doch noch die Speisekarte bringen lassen?

Das nahe Kraftwerk gehört zur Themenstrecke ›Großchemie und Energie‹ der ›Route der Industriekultur‹. Es gibt hier eine beschilderte Fahrradstrecke.

MÜHLENMUSEUM DINSLAKEN /// AM FREIBAD 3 /// 46535 DINSLAKEN ///
0 20 64 / 9 41 88 /// WWW.MUEHLENMUSEUM-DINSLAKEN-HIESFELD.DE ///

IM LAND DER WINDMÜHLEN

Mühlenmuseum in Dinslaken

31

›Es klappert die Mühle am rauschenden Bach‹ – unwillkürlich drängt sich beim Anblick der historischen Wassermühle dieses aus der Romantik stammende Kinderlied auf. Und ist die flache Landschaft des Niederrheins, wo der Wind fast ungehindert über die Äcker fegen kann, nicht geradezu prädestiniert für Mühlen aller Art? Vor allem grenzt sie direkt an Holland, an *das* Land der Windmühlen par excellence.

Am 8. September 1991 war es endlich so weit: Das Mühlenmuseum in Dinslaken wurde in den Räumlichkeiten der ehemaligen Hiesfelder Wassermühle eröffnet. 1693 erbaut, steht sie unmittelbar gegenüber dem Haus Hiesfeld, einer Wasserburg aus dem 13. Jahrhundert. Dank des rührigen Mühlenvereins Hiesfeld findet man hier über 60 verschiedene Modelle von Mühlen aus der ganzen Welt: eine Bewässerungsmühle aus Portugal, eine Ölmühle aus Frankreich, horizontale Mühlen aus dem Iran, eine Kreisflügelmühle aus Finnland oder eine Steinschleifmühle aus Schweden. Wer denkt beim Anblick der spanischen Turmwindmühlen auf den Bergen der Sierra de los Molinos nicht an den tragischen Helden Don Quijote und seinen treuen Diener Sancho Panza, die in der Provinz La Mancha den Kampf gegen die Windmühlenflügel wagten? Auf drei Etagen taucht man ein in eine fast vergessene Welt, wo das Korn für das tägliche Brot noch in harter Arbeit gemahlen wurde. Ein wenig Wehmut nach der guten alten Zeit kommt auf. Neben den zahlreichen Modellen bietet die liebevoll zusammengestellte Ausstellung Fotografien und Zeichnungen, Mühlsteine und Handwerksgegenstände des Müllers. Darüber hinaus finden immer wieder interessante Sonderausstellungen statt.

Der Rundgang zeigt Wirkung und macht Appetit auf frische Backwaren. Hinter dem Mühlenmuseum liegt der Mühlenhof. Im Backofen wird zu besonderen Anlässen Brot nach traditioneller Herstellungsweise gebacken.

Einen Besuch lohnt die Turmwindmühle im Zentrum von Hiesfeld mit ihrem konischen Mühlenturm. 100 Jahre war sie in Betrieb, ehe sie 1922 stillgelegt wurde.

EINFLÜSSE DER RÖMER UND IHR ERBE

Auf den Spuren der Vergangenheit

Die ersten historischen Zeugnisse einer dauerhaften Besiedelung der Niederrheinregion stammen aus der Römerzeit. Im Zuge der Eroberungsfeldzüge in Germanien um 50 v. Chr. unter Gaius Julius Caesar und nach der Niederlage der römischen Truppen unter dem Feldherrn Varus im Teutoburger Wald im Jahre 9 n. Chr. entstanden am Niederrhein die ersten Feldlager in Neuss (Novaesium) und Xanten (Castra Vetera) entlang des niedergermanischen Limes. Der Rhein bildete die natürliche Grenze zwischen dem besetzten linksrheinischen Gebiet und dem Osten mit den unzivilisierten, wilden heidnischen Horden.

Mit der Zeit erwuchsen daraus größere Siedlungen und regelrechte Städte. Die wichtigste Römerstadt war neben der Colonia Claudia Ara Agrippinensium, dem Ursprung der Stadt Köln, die niederrheinische Metropole Colonia Ulpia Traiana, das spätere Xanten. Sie war zur damaligen Zeit mit bis zu 10.000 Einwohnern die drittgrößte römische Stadt auf germanischem Gebiet. Fast 400 Jahre lang prägten römische Kultur und Lebensweise die Region. Die architektonischen Hinterlassenschaften jener geschichtsträchtigen Epoche wurden sorgfältig restauriert, zum Teil auch rekonstruiert und der interessierten Öffentlichkeit zugänglich gemacht. So ist der Archäologische Park Xanten, kurz APX, seit seiner Eröffnung 1977 ein regelrechter Besuchermagnet am Niederrhein.

Wer allerdings eine nüchterne, historisch korrekte Ausgrabungsstätte mit ein paar Tonscherben und rudimentären Mauerresten erwartet, wird zweifelsohne überrascht sein. Vielmehr bietet sich dem Besucher eine gewagte Mischung aus altrömischen Fragmenten und neu konstruierten Anlagen. Um einen möglichst authentischen, zugleich aber auch lebendigen Eindruck des alltäglichen Lebens der römischen Legionen am Niederrhein zu vermitteln, setzte man auf die Rekonstruktion römischer Bauten unmittelbar auf den alten Grundmauern – aus Sicht eines Historikers natürlich ein mehr als fragwürdiges Unterfangen, werden so doch die Grenzen zwischen antiken Ausgrabungen und moderner Überbauung bis zur Unkenntlichkeit verwischt. Andererseits entstand auf diese Weise eine Art Erlebnispark für Kulturinteressierte, die wie auf einer Zeitreise die unbestreitbar grandiose Atmosphäre eines römischen Lagers auf sich wirken lassen können. Am besten gelingt dies natürlich zu Zeiten, in denen nicht so viele andere Schaulustige unterwegs sind, vorzugsweise sogar an einem dieser nebel- und dunstverhangenen frühen Vor- oder späten Nachmittage im Herbst, die für den Niederrhein so typisch sind. Dann verliert sich der Blick im Ungefähren, während man auf der abschnittsweise wiedererrichteten Stadtmauer auf- und abschreitet und dabei die nahen und fernen Geräusche deutlicher erscheinen als an hellen, sonnigen Tagen. Von den in regelmäßigen Abständen in die Befestigungsmauern integrierten Wehrtürmen blickt man hinunter auf die Wiesen und Felder, deren Grenzen im Nebel verschwinden. Wie mag sich wohl der Legionär gefühlt haben, der hier zu Beginn der neuen Zeitrechnung Wache hielt? Lauschte er furchtsam auf bedrohliche Geräusche, die aus Richtung des germanischen Feindes herübergetragen wurden? Oder dachte er sehnsuchtsvoll an seine warme, sonnige Heimat im Süden, die er liebend gerne eingetauscht hätte gegen die kalte, unwirtliche und unzivilisierte Provinz?

Immerhin gab es schon zu jener Zeit Einrichtungen, die den Dienst in der Fremde für die Soldaten angenehmer gestalteten. Neben Bädern und Tavernen war auch für Ablenkung und Belustigung gesorgt: Ein imposantes, oval angelegtes Amphitheater bot 10.000 Zuschauern Platz, um blutigen Gladiatoren- und Tierkämpfen beizuwohnen. Heute ist nur ein Viertel der Zuschauerränge rekonstruiert, und es finden auch keine Kämpfe mehr statt. Stattdessen ziehen beliebte Theateraufführungen, Shows und Events die Zuschauer in den Sommermonaten an. Die prächtige Kulisse, die sich in der Abenddämmerung angesichts einer fröhlichen Musicalinszenierung bietet, lässt womöglich erahnen, wie es hier vor fast 2000 Jahren zuging.

RÖMISCHE HERBERGE /// ARCHÄOLOGISCHER PARK 2 ///
46509 XANTEN /// 0 28 01 / 34 15 /// WWW.ROEMISCHE-HERBERGE.DE ///

ANTIKE KÜCHE IN EINEM UNVERWECHSELBAREN AMBIENTE

Römische Herberge in Xanten

6/11

Begeben Sie sich auf eine Zeitreise circa 2000 Jahre zurück in die Vergangenheit! Haben Sie erst einmal die Römische Herberge im Xantener Archäologischen Park betreten und es sich an einem der Tische gemütlich gemacht, fällt Ihr Blick vermutlich mit Verwunderung auf die außergewöhnliche Speisekarte. Welche kulinarischen Köstlichkeiten mögen sich hinter ›Pullus Numidicus‹ oder ›Agnus Tarpeianus‹ verbergen?

Die Neugier ist geweckt. Speisen wie im alten Rom – eine spannende Verlockung. Die Römische Herberge ist bekannt für ihre antike Küche. Wo sonst kann man heute noch ein Numidisches Huhn oder Lukanische Würstchen genießen? Die berühmten Feinschmecker Terentius und Apicius hielten vor 2000 Jahren Rezepte und Speisenkreationen in Kochbüchern fest. Nach den Originalrezepten wird nun im Restaurant gekocht. Unversehens ist man in der Welt der Römer angekommen und entdeckt neben den Kochkünsten jener imperialen Epoche auch deren Esskultur und Tischsitten.

Nicht nur die Zusammenstellung und Zubereitung der Gerichte ist eine neue kulinarische Erfahrung. Die passenden Gewürze und Kräuter, die für den perfekten Genuss unentbehrlich sind, werden direkt dem gut sortierten Kräutergarten der Herberge entnommen. Auch sie haben die Römer einst aus ihrem mediterranen Ursprungsland an die niederrheinische Garnison mitgebracht, ein Stückchen Heimat in der Fremde sozusagen.

Perfekt wird das außergewöhnliche Mahl durch das einmalige Ambiente der Römerparks. Nicht weit entfernt liegen das große Amphitheater, der Tempel und die Thermen. Natürlich nicht original, aber täuschend echt rekonstruiert. Was für eine inspirierende Atmosphäre!

Nicht nur römische Spezialitäten werden in der Römischen Herberge zubereitet. Auch typische Speisen des 21. Jahrhunderts stehen auf der Karte.

SIE FINDEN DAS KLEVER TOR AN DER KLEVER STRASSE, ECKE NORDWALL. AUSGESCHILDERTE PARKPLÄTZE BEFINDEN SICH SCHON AM STADTRAND NAHE DES WALLS.

KLEVER TOR /// KLEVER STRASSE /// 46509 XANTEN ///
0 28 01 / 77 22 00 /// WWW.XANTEN.DE ///

EULENTÜRME IN DER SIEGFRIED-STADT

Klever Tor in Xanten

32

Lieben Sie das Mittelalter und die Sagenwelt? Wollten Sie schon immer einmal auf den Spuren der Nibelungenhelden wandeln? Dann sollten Sie unbedingt in Xanten übernachten, der Stadt, in der angeblich der Drachentöter Siegfried geboren wurde. Und damit das Ganze auch einen entsprechend historischen Anstrich bekommt, übernachten Sie am besten im ältesten erhaltenen Doppeltor am Niederrhein, dem Klever Tor! Das dreistöckige Stadttor aus dem 14. Jahrhundert ist ein Relikt der alten Stadtbefestigung und besticht durch seine pfiffigen ›Eulentürme‹. Hier stehen drei moderne Ferienwohnungen zur Verfügung, die Sie buchen können. Ihre Unterkunft hoch oben erreichen Sie durch ein historisches Treppenhaus im dicken alten Mauerwerk.

Natürlich ist Xanten mehr durch seine römische als durch die mittelalterliche Vergangenheit berühmt geworden. Leider ist auch gar nicht so viel aus dieser Epoche erhalten, weil viele Gebäude, bis auf wenige Ausnahmen, dem Krieg zum Opfer fielen. Doch kann man den mittelalterlichen Straßengrundriss noch nachvollziehen, und von der hohen Stadtmauer rund um Xanten aus dem Jahre 1400 existieren noch die Sockelzone und die Aufmauerung. Nicht weit entfernt steht eine Windmühle, die um 1800 auf einem der Festungstürme errichtet wurde – die Kriemhildmühle ist seit 1992 wieder funktionstüchtig. Während die anderen Tore wie das Marstor und das Scharntor schon in den 1820er-Jahren abgerissen wurden, blieb das Klever Tor erhalten und wurde im 19. Jahrhundert als Arresthaus genutzt. Das Doppeltor wurde 1393 erbaut, und die oberen Stockwerke mussten vor einiger Zeit rekonstruiert werden, doch der Unterbau stammt tatsächlich noch aus dem Entstehungsjahr. So zeugt das Bauwerk von einer früheren, für uns heute märchenhaften Zeit. Dann gute Nacht und träumen Sie süß vom Helden Siegfried!

Im Gotischen Haus (1540) befindet sich hinter historischer Fassade ein Restaurant, in dem Sie niederrheinisch und österreichisch speisen können.

TRAKTORENMUSEUM PAUENHOF /// BALBERGER STRASSE 72 ///
47665 SONSBECK /// 0 28 23 / 22 71 ///
WWW.TRAKTORENMUSEUM-PAUENHOF.DE ///

LANDMASCHINENTECHNIK MIT NOSTALGISCHEM FLAIR

Traktorenmuseum Pauenhof in Sonsbeck

33

›Im Märzen der Bauer die Rösslein einspannt. Er setzt seine Felder und Wiesen in Stand. Er pflüget den Boden, er egget und sät und rührt seine Hände früh morgens und spät‹. Wer mit dem Text dieses alten Volksliedes im Hinterkopf den Niederrhein besucht und insgeheim diese Bauernhofidylle erwartet, wird angesichts des Hightech-Maschinenparks und der automatisierten und kommerzialisierten Landwirtschaft schnell eines Besseren belehrt. Von wegen Pferdepflüge. Schon seit Beginn des 20. Jahrhunderts haben Traktor und Sämaschinen das Zepter übernommen.

Für Technikfreaks und Liebhaber alter Landmaschinen ist der Pauenhof in Sonsbeck die erste Adresse. Auf dem ehemaligen Bauernhof sammelt Johannes Troost seit 1976 kuriose wie seltene Fahrzeuge. Bald entstand daraus Deutschlands größtes Traktoren- und Landtechnikmuseum. In insgesamt zehn Hallen mit einer Ausstellungsfläche von circa 5.000 Quadratmetern stehen hier über 360 Traktoren, Schlepper aus dem In- und Ausland und eine Vielfalt von Maschinen, die einst die Arbeiten auf dem Feld erleichtert haben. Bekannte Hersteller wie MAN, Deutz, Fendt und sogar der mittlerweile legendäre Hürlimann sind darunter sowie heute nur noch Fachleuten geläufige Fabrikate von Porsche, Stihl oder Eicher. Eine besondere Herausforderung lockt Wagemutige: Sie können ihr Talent beim Geschicklichkeitsfahren mit dem Traktor auf die Probe stellen. Und es gibt viel zu entdecken: Welcher Stadtbewohner hat schon je einen Rübenroder, einen Strohschneider oder einen Miststreuer in natura gesehen?

All diese technischen Relikte sind Zeugnisse einer längst vergangenen Zeit, die heute gerne als die ›gute alte Zeit‹ verklärt wird. Wie schwer die körperliche Arbeit auf den Feldern damals jedoch war, zeigt der Blick in eine Epoche, die sich so wohl niemand zurückwünscht.

In der Hofgaststätte ›Zum Traktor‹ gibt es nicht nur gutbürgerliche Küche. Maschinenteile und sogar zwei kleinere Trecker schmücken das Restaurant.

BAUERNCAFÉ TORENHOF /// BERNSHUCK 1 /// 46519 ALPEN / MENZELEN-OST /// 0 28 02 / 80 09 34 /// WWW.BAUERNCAFE-TORENHOF.DE ///

NEUES LANDLEBEN IN ALTEN STÄLLEN

Bauerncafé Torenhof in Alpen

7/11

Der Trend ist sicher nicht ganz neu, aber aktueller denn je. Überall in ländlichen Gebieten, wo die traditionelle Landwirtschaft der kleinen Höfe abgelöst wird von industriell geprägten Großerzeugern, werden finanziell unrentable Bauernhöfe aufgegeben, von engagierten Menschen erworben und zu touristischen Zielen umgestaltet. Mal sind es Hotels oder Herbergen, öfter jedoch Gaststätten und Restaurants oder alternativ-biologische Kleinbetriebe, die die ehemaligen Bauernhöfe mit neuem Leben erfüllen.

So war es auch 2004 in Alpen-Menzelen. Da übernahmen Beate und Volker Kurz einen völlig heruntergekommenen Bauernhof, um ihn in ein Ausflugsziel für naturentwöhnte Städter zu verwandeln. Sie legten einen Spielplatz an und belebten den neuen Hof mit Streicheltieren wie Minischweinen, Minirindern, Schafen, Ziegen, diversem Federvieh und Katzen. Aus dem ehemaligen Schweinestall wurde eine piekfeine Küche. Wo einst die Misthaufen sich auftürmten, gibt es nun behindertengerechte Toiletten. 2007 war dann endlich alles fertig, Café und Restaurant konnten eröffnet werden.

Das Konzept des Bauerncafés ist so einfach wie genial: Die einzigartige Atmosphäre mit bäuerlichem Charme entführt den Gast in ein idealisiertes Landleben. Aus dem ehemaligen Hof und dem Viehstall wurde ein rustikales Restaurant mit 160 Plätzen, das von bürgerlicher Küche bis hin zu kulinarischen Spezialitäten eine umfangreiche Speisekarte aufweist. Neben hausgemachten Suppen, Salatvariationen, Grill- und Fischgerichten gibt es auch eigene Kreationen zu entdecken wie den Torenhof-Schwenkbraten. Doch der eigentliche Star ist der große Saal. Massive Holzbalken stützen das hohe, spitzwinklige Dach. Bäuerliche Kleingeräte dienen als Dekorationsstücke. Überhaupt wurde viel Holz verbaut, hell verputzte Wände und Stein- oder Holzfußböden schaffen eine gemütliche Atmosphäre.

In der Außenanlage lädt im Sommer ein Biergarten zum Verweilen ein. Jeden Sonntag gibt es ein ausgezeichnetes Schlemmerfrühstück und Mittagsbrunch.

**BAROCKGARTEN DES KLOSTER KAMP /// ABTEIPLATZ 13 ///
47475 KAMP-LINTFORT /// 0 28 42 / 9 46 45 ///
WWW.KLOSTER-KAMP.EU ///**

SANSSOUCI AM NIEDERRHEIN

Barockgarten Kloster Kamp in Kamp-Lintfort

34

Voller Farben, betörendem Duft und anmutiger Strukturen ist der schöne Klostergarten in Kamp-Lintfort, der eher zu einem Schloss als zu einer Abtei zu gehören scheint. So erzählt man sich am Niederrhein, dass der Kamper Terrassengarten für Potsdams Sanssouci Vorbild gewesen sei. Und das sei so gekommen: Friedrich I. war im Jahre 1740 auf dem Weg nach Schloss Moyland, um dort Voltaire zu treffen. Als er an diesem Barockgarten vorbeifuhr, entwarf er spontan, noch in der Kutsche, das spätere Sanssouci. Wahr oder nicht, zumindest gab es für beide Gartenanlagen wohl dieselben italienischen Vorbilder. Schauen Sie sich unbedingt diesen wunderschönen Terrassengarten an, denn er ist einmalig am Niederrhein! Deshalb zählt er auch zu den herausragenden Gärten der ›Straße der Gartenkunst zwischen Rhein und Maas‹, die von Kleve bis Brühl reicht.

Das Kloster Kamp wurde als Zisterzienserabtei im Jahre 1123 gegründet und gilt als bedeutendste religiöse Kunst- und Kulturstätte der Region. Neben der barocken Abteikirche erzählt ein Ordensmuseum von seiner Geschichte. Am Südhang des ehemaligen Weinbergs wurden um 1700 die Terrassen angelegt, Wasserspiele und Skulpturen schmückten den Park, daneben züchtete man Obst und Kräuter. Zu Beginn des 19. Jahrhunderts verwilderte der Garten und die Orangerien verschwanden. Erst in den 1980er-Jahren wurde die barocke Anlage fachkundig erneuert. Heute führt ein Laubengang auf die oberste Terrasse, die einen herrlichen Ausblick bietet. Die zu Spitzkegeln geschnittenen Sträucher auf den Terrassen sind wie Zuschauer in einem antiken Theater nebeneinander aufgereiht. Unten gibt es Rasenfelder, Schmuckbeete, Alleen und Becken mit Wasserfontänen. Zwei moderne Stahl-Glasgebäude erinnern an die früheren Orangerien. Sie präsentieren Informationen zur Gartengeschichte und moderne Kunstausstellungen.

Stärken kann man sich im Klostercafé, das im alten Refektorium untergebracht ist, oder bei schönem Wetter im Klostergarten.

ANFAHRT ÜBER A 57 BIS ABFAHRT MOERS-HÜLSDONK. WEITER ÜBER GELDERNSCHE STRASSE RICHTUNG KAMP-LINTFORT. ORTSAUSGANGS VON NEUKIRCHEN-VLUYN BESCHILDERUNG ZU PARKPLATZ FOLGEN.

HALDE NORDDEUTSCHLAND /// GELDERNSCHE STRASSE ///
47506 NEUKIRCHEN-VLUYN /// 0 28 41 / 20 12 27 ///
WWW.LANDSCHAFTSPARK-NIEDERRHEIN.COM ///

EIN BRENNENDER BERG IN FLACHEM LAND

Halde Norddeutschland in Neukirchen-Vluyn

35

102 Meter misst die ehemalige Bergehalde des Bergwerks Niederberg. Über eine ›Himmelstreppe‹ gelangt man auf schnurgeradem Weg zum Scheitelpunkt. Schweben zu Beginn des Anstiegs die Treppenteile noch über dem Boden, wächst die Treppe im letzten Abschnitt gewissermaßen in den Berg hinein. 359 Stufen der auf Stützen gelagerten Stahltreppe gilt es zu bezwingen, ehe sich der freie Blick über die ansonsten sehr flache Umgebung öffnet. Der Clou ist das Hallenhaus auf dem Gipfel. Genau genommen ist es ein skelettartiges Stahlgerüst, zugleich ist es jedoch auch ein Kunstwerk der niederländischen Gruppe ›Observatorium‹. Die offene Konstruktion hat darüber hinaus die Funktion eines Begegnungs- und Veranstaltungsortes und kann über den Regionalverband Ruhr (RVR) gemietet werden.

Die Halde an sich ist ein Leitprojekt des Landschaftsparks NiederRhein. Sie entstand durch Aufschüttungen des Bergwerks Niederberg, die erst Anfang 2011 ihren Abschluss fanden. Auf einer Fläche von 81 Hektar liegen 80 Millionen Tonnen Abraum. Tief im Innern der Halde glüht ein permanenter Schwelbrand, weshalb dieses monumentale Relikt des Kohlebergbaus in Fachkreisen als ›brennende Halde‹ bezeichnet wird. Ursache sind Reste des ›schwarzen Goldes‹, die sich aufgrund des großen Drucks entzünden.

Der 600 Meter lange Panoramaweg, der sich um die Halde herumwindet, bildet ein weiteres Highlight. Ein Wegenetz von 13 Kilometern lädt zum Wandern, Walken und sogar Reiten ein. Gleitschirmpiloten, Drachen- und Modellflieger nutzen die Aufwinde. Die ›Fliegerfreunde Niederrhein‹ organisieren den Flugbetrieb für das Gleitschirmfliegen.

Nach Einbruch der Dunkelheit wird es durchaus romantisch: Das Hallenhaus erstrahlt in geheimnisvollem Licht, Leuchtdioden weisen den Weg über die Himmelstreppe und auch der Panoramaweg ist illuminiert.

Jedes Jahr findet im Sommer das ›Dong Open Air‹-Festival der internationalen Metal-Szene mit Bands wie Sepultura oder Knorkator auf der Halde statt.

AUTOBAHNAUSFAHRT MOERS NORD 400 M IN RICHTUNG MOERS ZENTRUM, DANN RECHTS AB, NACH 2 KM LINKS IN HOHER WEG. NACH 1 KM ERREICHT MAN DEN JUNGBORNPARK.

BARFUSSPFAD IM JUNGBORNPARK /// AM JUNGBORNPARK /// 47445 MOERS-REPELEN /// 0 28 41 / 7 14 73 /// WWW.BARFUSS.SCIMOERS.DE ///

ZEIGT HER EURE FÜSSE …

Barfußpfad im Jungbornpark in Moers-Repelen

36

Im Sommer dürfen die Socken gern im Schrank bleiben, denn wer liebt es nicht, mal mit nackten Füßen an der frischen Luft herumzulaufen? Zumindest wenn der Untergrund stimmt. So ist es wohl am schönsten, wenn man barfuß über den Rasen oder den Strand laufen kann. Herrlich ist es, den sonnenbeschienenen Boden unter den Fußsohlen zu spüren oder die nackten Zehen in den aufgeheizten Sand zu stecken! Und wie sehr Grashalme kitzeln können! Auch Erde, Kieselsteine oder Asphalt fühlen sich einfach wunderbar an. Als Kinder konnten wir deshalb den Sommer kaum erwarten und haben, sooft es ging, die Gelegenheit ergriffen, die Schuhe zu Hause zu lassen. Für einen Erwachsenen hingegen bietet sich dafür nur selten die Gelegenheit – hier schaffen die Barfußpfade Abhilfe. Längst ist nämlich erwiesen, dass das Gehen auf nackten Füßen gesundheitsfördernd ist, denn es trainiert das Koordinationsvermögen und stärkt das Immunsystem.

Besuchen Sie also ruhig einmal an einem schönen Tag in Moers den Barfußpfad im Jungbornpark, der seit 2010 existiert. Jederzeit können Sie da mit bloßen Füßen einem mehr als einen Kilometer langen Rasen- und Waldpfad folgen. Ein Rundweg, der jedem frei zugänglich ist, bietet diesbezüglich ganz unterschiedliche Herausforderungen. Besonders empfehlenswert ist zudem der ›Intensivbereich‹, wo es ganz spezielle Stationen gibt, die zum Tasten und Balancieren, zum Wasser- und Lehmtreten einladen. Dieses abgegrenzte Terrain hat jedoch bestimmte Öffnungszeiten und ist kostenpflichtig – aber nicht teuer. Auf der Homepage des Barfußpfads lassen sich die aktuellen Zeiten und Preise erfahren. Durch ein Drehkreuz am Eingang geht es dann auf den Parcours. Hier finden sich Schließfächer für Ihre Schuhe und Waschgelegenheiten für Ihre Füße. Also, auf zum Barfußlauf!

Auch in Emmerich-Elten finden Sie einen Barfuß- und Naturerlebnispfad, der auf unterschiedlichen Untergründen durch den Hocheltener Wald führt.

HANNS-DIETER-HÜSCH-PLATZ /// ECKE PFEFFERSTRASSE / FRIEDRICHSTRASSE /// 47441 MOERS ///

GEDENKSTÄTTE FÜR DAS ›SCHWARZE SCHAF VOM NIEDERRHEIN‹

Hanns-Dieter-Hüsch-Platz in Moers

37

»Tach zusammen! Na, wie isset denn? Gut!? Hauptsache!« Mit diesen Worten startete der 1925 in Moers geborene Kabarettist Hanns Dieter Hüsch gewöhnlich sein Programm. Nebenbei war er auch noch Schriftsteller, Autor, Schauspieler, Liedermacher und Synchronsprecher.

»Alles, was ich bin, ist niederrheinisch«, stellte er in unnachahmlicher Manier fest. Die Missgeschicke und alltäglichen Begebenheiten der sogenannten ›kleinen Leute‹ waren die Themen des bekennenden Niederrheiners Hüsch. Er wusste, wie seine Pappenheimer ticken: »Der Niederrheiner ist überhaupt zu allem unfähig. Er weiß nix, kann aber alles erklären. Umgekehrt: Wenn man ihm etwas erklärt, versteht er nichts, sagt aber dauernd: Is doch logisch.«

Mit spitzem, aber nie böswilligem Sprachwitz karikierte er die Eigenheiten der Bewohner des platten Landes und setzte ihnen damit ein augenzwinkerndes Denkmal. Seine Liebe zu dieser Region manifestierte sich in Äußerungen wie dieser: »Der Niederrhein will angeguckt werden. Und dann beginnt die große Liebe. Dat is dat Geheimnis des Niederrheins. Un wer einmal am Niederrhein war, der kommt wieder.«

Am 6. Dezember 2005 starb Hanns Dieter Hüsch. Seine letzte Ruhestätte fand er in Moers-Hülsdonk. Im Mai 2007 wurde in der Moerser Altstadt an der Ecke Pfefferstraße/Friedrichstraße der dortige Platz nach dem Ehrenbürger der Stadt benannt. Fünf Tafeln aus schwedischem Granit sowie eine Hinweistafel erinnern an den berühmten Humoristen. Zu sehen sind einige seiner Texte und Verse sowie Zeichnungen und Karikaturen seines Freundes und Grafikers Jürgen Pankarz.

Dieser Lieblingsplatz hält die Erinnerung an einen Menschen wach, der wie kein anderer zum Synonym für den Niederrheiner schlechthin geworden ist. Und wie hätte sich der berühmte Kabarettist wohl selbst dazu geäußert? »Sach ma nix!«

»Wenn der Rheinländer auf die Frage ›Wie isset?‹ ›Gut‹ sagt, dann sagt der Niederrheiner: ›Wie sollet sein?‹ Ja, aus uns krisse so schnell nix raus.«

ANFAHRT ÜBER A 40, AUSFAHRT DUISBURG-RHEINHAUSEN, 5 KM NACH MOERS, ABBIEGEN IN GUTENBERGSTRASSE, DORT BEFINDEN SICH PARKMÖGLICHKEITEN (ETWA 20 MINUTEN FUSSWEG BIS ZUM GIPFEL).

HALDE RHEINPREUSSEN – ›DAS GELEUCHT‹ ///
GUTENBERGSTRASSE /// 47443 MOERS /// 0 28 41 / 5 52 89 ///
WWW.DAS-GELEUCHT.DE ///

EINE FEURIG-ROTE LANDMARKE AN DER GRENZE ZUM RUHRGEBIET

Halde Rheinpreußen – ›Das Geleucht‹ in Moers

38

Wer in einer schummrigen Abenddämmerstimmung das Ruhrgebiet über die A 42 in Richtung Niederrhein verlässt, nimmt kurz nach Überquerung des Rheins ein tiefrotes Licht wahr, das von einer Anhöhe in die Landschaft hinausstrahlt. Und dann traut man seinen Augen nicht: Eine überdimensionale Grubenlampe, wie von einem Bergmann in Gestalt eines Riesen vergessen, erhellt weithin sichtbar die Umgebung.

Die imposante rote ›Laterna magica‹ auf dem Gipfel der Halde der ehemaligen Zeche Rheinpreußen in Moers ist das Werk des Lichtkünstlers Otto Piene. Seit September 2007 steht die gut 30 Meter hohe Nachbildung einer Grubenlampe als Landmarke auf der Anhöhe. Die sogenannte Davy-Lampe war seit ihrer Erfindung 1830 ein unentbehrliches Arbeitsutensil und oft einziger Lichtspender der Bergleute unter Tage. Die Halde selbst ist 75 Meter hoch und stummer Zeuge des Bergbaus am Niederrhein. Denn nicht nur im Ruhrgebiet wurde Kohle gefördert, auch links des Rheins standen Zechen, wo nach dem ›schwarzen Gold‹ gebuddelt wurde. Die Zeche Rheinpreußen war ein Bindeglied zwischen Niederrhein und Ruhrgebiet, ihre Abraumhalde ist einer der letzten Hinweise auf die wirtschaftliche Bedeutung des Bergbaus in der Vergangenheit. Das ›Moerser Geleucht‹, wie die Skulptur offiziell bezeichnet wird, hat einen rund 28 Meter hohen, begehbaren Turm, eine Innentreppe führt zur Aussichtsplattform.

Ein besonderer Anblick ist die abendliche Illumination des ›Geleuchts‹. Die Umgebung wird in glutrotes Licht getaucht, die Lichtstrahlen scheinen sich in der Unendlichkeit zu verlieren. Die Farbe Rot symbolisiert die schier unerschöpfliche Energie, die aus der Kohle gewonnen und mit der Stahl erzeugt worden war. Dies war für den ersten Zechenstandort am linken Niederrhein prägend. Das Licht der Grubenlampe hält die Erinnerung daran wach.

Von der Halde Rheinpreußen eröffnet sich ein grandioser Blick auf die niederrheinische Industrielandschaft und das Mündungsgebiet der Emscher in den Rhein.

VIERSEN UND UMGEBUNG

ALTE SCHULSTRASSE /// 47906 KEMPEN /// WWW.KEMPEN.DE ///

›DIESE HÄUSER STEHEN IN GOTTES HAND ...‹

Alte Schulstraße in Kempen

39

Bummeln Sie doch mal durch eine historische Altstadt! Trotz der immensen Zerstörungen während des Zweiten Weltkriegs haben sich in der Region doch noch einige Zeitzeugnisse erhalten, und Kempen besitzt nach der gelungenen Sanierung in den 1970er-Jahren eine der schönsten Altstädte am Niederrhein. Erstmals um 890 in den Registern der Benediktinerabtei Werden als ›Campunni‹ aufgeführt, erlebte die Stadt im Spätmittelalter eine wirtschaftliche Blütezeit. Es haben sich hier viele denkmalgeschützte Gebäude erhalten, sodass ich stets gern einen Rundgang durch die Altstadt mache, der mich an den gut erhaltenen Patrizierhäusern und Fachwerkbauten vorbeiführt. Besonders angetan hat es mir da die Alte Schulstraße, eine schmucke historische Häuserzeile aus dem Jahr 1609. Eng und schief ducken sich in dieser kleinen Gasse die trutzigen, aber fein herausgeputzten Häuser aneinander, deren helle Fassaden kontrastreich zum dunklen Fachwerk erstrahlen. Bunte Akzente setzen allerlei Pflanzen in den Eingängen und auf den Balkonen. Lange Zeit hieß die Gasse ›Schulstraße‹ weil man glaubte, dass hier die erste Elementarschule gestanden hätte. Heute vermutet man, dass dieser Weg zumindest zu einer Schule hinführte. Den ursprünglichen Namen verrät uns die Inschrift am Haus Nr. 13: ›Diese Häuser stehen in Gottes Hand – Die Bruckersche Straße sind sie genannt.‹ Und der Schriftzug am Haus Nr. 18 bekennt, dass es sich um eine Handwerkersiedlung handelte: ›Hier stehen Ahlen und Leisten; das Leder kostet am allermeisten‹. Der Bauherr der Häuser war Johann von Broichhausen, auf den ein Wappen an Haus Nummer 7 hinweist.

Meist schlendere ich gemütlich durch die Fußgängerzone, um schließlich am Buttermarkt zu rasten. Bei gutem Wetter sitze ich dort am liebsten draußen vorm gastfreundlichen Markt-Grill.

Am Buttermarkt gibt es ein traditionsreiches Kino (seit 1919!) mit aktuellem Programm: die ›Kempener Lichtspiele‹ der Kinofamilie Janssen.

GUT HEIMENDAHL /// HAUS BOCKDORF /// 47906 KEMPEN ///
0 21 52 / 8 98 90 /// WWW.GUT-HEIMENDAHL.DE ///

EINE ART ARCHE NOAH AUF DEM PLATTEN LAND

Gut Heimendahl in Kempen

40

Hier scheint die Welt noch in Ordnung zu sein! So oder zumindest so ähnlich stellt sich der Städter wohl den idealen Bauernhof vor. Fernab von Massentierhaltung und industriell produzierten Lebensmitteln. In freier, unbelasteter Natur – ein Traum.

Tatsächlich geschieht auf Gut Heimendahl etwas Außergewöhnliches. Zum einen wird der Acker nach traditionellen Anbaumethoden mit Weizen, Hafer und Gerste, Zuckerrüben, Kartoffeln, Mais und Kohl bestellt. Zum anderen leben die Tiere artgerecht in natürlicher Umgebung. Eine besondere Aufgabe ist die Zucht einiger vom Aussterben bedrohter Schafrassen. Selten geworden sind das Alpine Steinschaf, das Bentheimer Landschaf und das Coburger Fuchsschaf. Fast schon exotisch klingen Namen wie Jakobschaf oder Zackelschaf. Darüber hinaus finden sich alle Arten von Geflügel auf dem Hof, wie zum Beispiel Bronzeputen, Vorwerkhühner und Westfälische Totleger. Die Gesellschaft zur Erhaltung alter und gefährdeter Haustierrassen e. V. (GEH) führt Gut Heimendahl deshalb auch in ihrer Liste der Arche-Höfe.

Haus Bockdorf befindet sich in Privatbesitz. Einen imposanten Eindruck hinterlässt der Zugang durch das Löwentor im Torhaus. Der Hof des Gutes Heimendahl ist öffentlich zugänglich, die Gebäude stehen sämtlich unter Denkmalschutz. Im Hofladen können dort erzeugte Lebensmittel, auch Fleisch aus eigener Schlachtung, erworben werden. Auf dem Gelände haben sich kleinere Geschäfte und Firmen angesiedelt, die zur Philosophie der naturverbundenen Produktion passen.

Neben der typisch Niederrheinischen Kaffeetafel gibt es jeden Samstag in der Spinnstube und im Museumsraum, bei schönem Wetter auch im Hof, das allseits beliebte Suppenessen – beispielsweise werden Porreecremesuppe, Pfälzer Zwiebelsuppe oder Hubertus-Wildsuppe serviert. Der Genuss kommt also nicht zu kurz, ein Erlebnis ist dieser Hof allemal.

Hof und Privatgelände stehen für Film- und Fotoaufnahmen hoch im Kurs. Wohl auch aufgrund der ausgefallenen Requisiten, die als Motive zur Verfügung stehen.

TOURIST-INFORMATION /// RATHAUS /// 47918 TÖNISVORST ///
0 21 51 / 99 91 71 /// WWW.TOENISVORST.DE ///

WO HIMMLISCHE FRÜCHTE LOCKEN

Apfelstadt Tönisvorst

8/11

Wer liebt ihn nicht, den paradiesischen Apfel, der schon Eva und ihren Adam verführte? Seine Heimat am Niederrhein hat er wohl im Kreis Viersen in Tönisvorst gefunden, denn hier ist das größte Apfelanbaugebiet der Region. Gern wirbt die Stadt daher mit der Fülle ihres Obstreichtums: 48 Millionen frische Äpfel werden dort jährlich geerntet! Über 40 verschiedene Sorten der köstlichen Frucht werden hier angebaut – 400.000 Apfelbäume befinden sich allein in der Huverheide, die zwischen den Ortsteilen Vorst und St. Tönis liegt. Das herrliche weiße und rosa Blütenmeer ist im Frühjahr ein außergewöhnlicher Augenschmaus.

Doch natürlich soll in der ›Apfelstadt am Niederrhein‹, wie sich Tönisvorst seit einiger Zeit stolz nennt, besonders die knackige, süßsaure Frucht im Mittelpunkt stehen. So kredenzt die Stadt ihren offiziellen Gästen gern einen sortenreinen Apfelsaft in einer edlen Bouteille, die an eine Weinflasche erinnert. Der vitaminreiche Genuss ist mindestens ebenso gesund wie der des Rebensaftes – dazu alkoholfrei. Genauso wie der Tee mit Apfelstücken, Pomeranzen und Süßholz, den die Markt-Apotheke anlässlich des Vorster Apfelfestes kreiert hat. Längst haben auch die Bäcker und Metzger des Ortes mit dem Apfel experimentiert, um ihn in vielfältiger Weise zu verarbeiten. Wer also mal fruchtiges Apfelbrot mit Zimt oder Nüssen, Schwarz- oder Körnerbrot mit eingearbeiteten Äpfeln oder sogar Wurst oder Schinken, die mit Apfel verfeinert wurden, probieren möchte, ist hier goldrichtig. Originell sind auch der Apfel-Quark-Pottweck, der traditionell in einem Tontopf gebacken wird, und die aus gezuckertem Teig und Äpfeln hergestellten Figuren, die ›St. Töniser Apfeljungens‹. Also, auf nach Tönisvorst, um die köstlichen Produkte der Apfelstadt zu kosten!

Das braune, eingedickte süße Apfelkraut ist am Niederrhein und in der holländischen Provinz Limburg als Brotaufstrich sehr beliebt.

DAS FREILICHTMUSEUM LIEGT AN DER STADIONSTRASSE 161. DORT SIND AUCH AUSREICHEND PARKPLÄTZE VORHANDEN.

NIEDERRHEINISCHES FREILICHTMUSEUM /// AN DER DORENBURG 28 /// 47929 GREFRATH /// 0 21 58 / 9 17 30 /// WWW.FREILICHTMUSEUM-DORENBURG.DE ///

EINLADUNG ZU EINER VERGNÜGLICHEN ZEITREISE

Niederrheinisches Freilichtmuseum in Grefrath

41

Wer wissen möchte, wie die Niederrheiner früher gelebt haben, sollte das Freilichtmuseum in Grefrath aufsuchen, das mitten im reizvollen Naturpark Maas-Schwalm-Nette liegt. Die Dorenburg, eine barocke Wasserburg und ehemaliger Rittersitz, bildet das Zentrum des volkskundlichen Regionalmuseums. Im einstigen Pferdestall ist heute eine Dorfschmiede eingerichtet. Allerhand Utensilien und Hausrat bäuerlicher und handwerklicher Kultur lassen die Vergangenheit wieder aufleben, beispielsweise in der Kornbrennerei, der Töpferwerkstatt oder der Gerberei. Das Backhaus stammt aus dem 18. Jahrhundert und wird heute noch genutzt – das dort gebackene Steinofenbrot können die Besucher zu bestimmten Terminen erwerben. Und im Tante-Emma-Laden geht es ebenfalls zu wie vor hundert Jahren. Drei Hofanlagen mit Häusern, Scheunen, Obstwiesen und Gärten veranschaulichen das frühere Leben der Bauern. Pferde, Schafe, Ziegen und allerlei Federvieh, sogar prächtige Pfauen, beleben die Szene. Ein beliebter Anziehungspunkt ist das Spielzeugmuseum, in dem liebevoll ausgestattete Puppenstuben und -küchen ausgestellt sind. Die dortige Hauptattraktion ist sicherlich die große Modelleisenbahn, die zweimal täglich ihre Runden dreht.

Und wer Hunger hat, lässt sich im ›Pannekookehuus‹, das in der früheren Posthalterei untergebracht ist, niederrheinische Spezialitäten schmecken. Ein besonderer Genuss ist die niederrheinische Zwiebelsuppe, die in einer knusprig gebackenen Suppenterrine aus Brotteig serviert wird. Nebenan befindet sich eine Bügelbahn, wo das Bügelspiel ausprobiert werden kann, das im 18./19. Jahrhundert an vielen Landgasthöfen beliebt war. Bei diesem Zeitvertreib, den man am Niederrhein seit dem 14. Jahrhundert kennt, werden Holzkugeln mit einem Holzschläger durch metallene Bügel geschlagen. Viel Spaß!

Besuchen Sie hier Events wie den ›Mairitt‹, im Herbst das Oldtimer-Traktorentreffen oder im Advent den ›Romantischen Weihnachtsmarkt‹.

DER TURM BEFINDET SICH 1 KM NÖRDLICH VON HINSBECK. PARKEN KÖNNEN SIE AN DER JUGENDHERBERGE VIERLINDEN, HEIDE 1. VON DORT FÜHRT EIN AUSGESCHILDERTER WALDWEG ZUM ZIEL.

AUSSICHTSTURM TAUBENBERG /// HINSBECKER HEIDE ///
41334 NETTETAL-HINSBECK ///
INFOZENTRUM KRICKENBECKER SEEN /// KRICKENBECKER ALLEE 36 ///
41334 NETTETAL-HOMBERGEN /// 0 21 53 / 91 29 09 /// WWW.BSKS.DE ///

EIN WEITER BLICK IN EINE TRAUMHAFTE LANDSCHAFT

Aussichtsturm Taubenberg in Nettetal

42

Plötzlich und unerwartet steht er vor uns. Mitten in einem weitläufigen Waldgebiet reckt sich ein imposanter hölzerner Turm gen Himmel. Kurz entschlossen wagen wir den Aufstieg. Auf der ersten Hälfte geht es außen herum nach oben. Die Stufen sind aus verzinktem Blech und machen einen stabilen Eindruck. Nach sechs Etagen und auf 15 Metern Höhe windet sich dann eine Stahlspindeltreppe wie in einem Leuchtturm im Innern des Gerüsts empor. Am Ende des Schneckengehäuseganges erwartet uns mutige Kletterer von der überdachten Plattform aus ein grandioser Ausblick auf die Landschaft. Unter uns breiten sich die Wiesen und Wälder rund um das Wasserschloss Krickenbeck aus. Es ist umgeben von vier Seen, die ehemals durch Abtorfung von Niedermooren entstanden sind. Die beiden größten durchquert das kleine Flüsschen Nette. Die Krickenbecker Seen und die umliegende Naturlandschaft sind ideal zum Wandern, Fahrradfahren und Erkunden von Flora und Fauna.

Insgesamt 28,80 Meter hoch oder anders gemessen 110 Meter über dem Meeresspiegel ist dieser bei Einheimischen wie Touristen sehr beliebte Aussichtsturm in der Hinsbecker Schweiz. Bereits 1970 wurde er erbaut und maß damals lediglich 15 Meter. Ursprünglich hatte er die wichtige Funktion eines Feuerwachtturms. Dies ist heute nicht mehr der Fall. Bei umfangreichen Restaurierungsarbeiten wurde der Turm um 13 Meter erhöht. Im Jahr 2005 wurde die Sanierung abgeschlossen. Die Menschen hatten ihren Turm zurück, höher und schöner als zuvor. Feste Öffnungszeiten gibt es nicht, man ist jederzeit willkommen.

Das Naturschutzgebiet Krickenbecker Seen ist eines der größten in ganz Nordrhein-Westfalen. Es erstreckt sich von Grefrath und Nettetal im Kreis Viersen bis hin zu Straelen und Wachtendonk im Kreis Kleve und umfasst insgesamt circa 1.170 Hektar.

Im Textilmuseum ›Die Scheune‹ in Hinsbeck-Hombergen sind Zeugnisse der niederrheinischen Textilmanufaktur sowie der Leinen- und Samtweberei ausgestellt.

BURG BRÜGGEN /// BURGWALL 4 /// 41379 BRÜGGEN ///
0 21 63 / 52 70 /// WWW.BRUEGGEN.DE ///

MITTELALTERLICHE FESTUNG IN ROMANTISCHER ALTSTADT

43

Burg Brüggen

In ihrer Blütezeit muss sie eine imposante Erscheinung gewesen sein, die Wasserburg im niederrheinischen Brüggen. Ein starkes Bollwerk, abschreckend und faszinierend zugleich. Heute ist davon leider nicht mehr allzu viel übrig. Doch der einzig erhaltene, gewaltige Südwestturm, der massive Palas und die wehrhafte Eingangspforte lassen den einstigen Stolz und Prunk seiner ehemaligen Bewohner erahnen.

Im 13. Jahrhundert war das befestigte Bauwerk von den Grafen von Kessel an einer Furt über das Flüsschen Schwalm gegründet worden, ehe es bereits im 14. Jahrhundert in den Besitz der Herzöge von Jülich überging. Diese bauten die Anlage zu einer Kastellburg mit vier mächtigen Türmen aus. Bis 1794 blieb sie als uneinnehmbare Landesburg wichtigster nördlicher Außenposten des Herzogtums Jülich. Nach der Besetzung der rheinischen Länder durch französische Truppen wurde die Festung 1801 privatisiert. Das ist sie de facto immer noch, allerdings pachtete die Gemeinde Brüggen 1974 die Anlage und eröffnete dort 1979 das regionale Jagd- und Naturkundemuseum. Zu bestaunen sind hier präparierte, teils bereits ausgestorbene Tierarten. Ebenfalls ausgestellt sind die Waffen, die von der Steinzeit bis zum 19. Jahrhundert eingesetzt wurden, um zu jagen. Besichtigt werden kann auch die Wassermühle, die – ursprünglich als Kornmühle – ebenfalls zum Burgbereich gehört und inzwischen als Restaurant genutzt wird.

Das weitläufige Burggelände lädt ein, sich umzusehen und herumzuspazieren. Erholung und Entspannung an warmen Sommertagen verspricht die großzügige Rasenfläche im Schatten des Turmes. Zudem locken unterschiedliche kulturelle Veranstaltungen zur Burg. Oder man erkundet die Altstadt Brüggens mit ihrem historischen Ortskern. Die Gemeinde liegt mitten im 435 Quadratkilometer großen Naturpark Schwalm-Nette.

Die der Burg gegenüberliegende ›Alte Brüggener Mühle‹ beherbergt heute ein beliebtes Restaurant. Nebenan lockt das ›Alte Zollhaus‹ mit wunderschönem Biergarten.

BRÜGGENER KLIMP HAUPTS GMBH /// BURGWALL 15 ///
41379 BRÜGGEN /// 0 21 63 / 95 50 ///
WWW.BRUEGGENER-KLIMP.DE ///

EIN EHEMALIGES BAHNHOFS-GEBÄUDE ALS HOTEL UND SPEISELOKAL

Brüggener Klimp

44

Zunächst traut man seinen Augen kaum! Steht doch eine Dampflokomotive unmittelbar neben der Straße. Bei genauerem Hinsehen entpuppt sich die altertümliche Lok als Blickfang für das dahinterliegende Gebäude. Tatsächlich handelt es sich um den alten Brüggener Bahnhof, wo bis 1978 reger Zugverkehr herrschte, ehe seitens der Deutschen Bundesbahn rationalisiert und die seit 1890 bestehende Strecke der Schwalmtalbahn stillgelegt wurde. Karl Haupt erwarb kurzerhand Gelände und Gebäude des ehemaligen Personenbahnhofes und eröffnete schließlich den Brüggener Klimp.

Diesen Begriff prägte der Volksmund für die Eisenbahn, die einst zwischen Brüggen und Dülken verkehrte. Das umgestaltete und neu genutzte Bahnhofsgebäude bewahrt auf vielfältige Weise die Erinnerung an die Hochzeit der Eisenbahn. Die vor der Gaststätte aufgestellte Dampflok 663 ist ein Hanomag von 1921, Weichenhebel und Signalmasten zieren Vorgarten und Eingangsbereich. Im Innern fällt die liebevolle Dekoration mit Lokomotivlampen, Signalen und sogar einem ›stummen Eisenbahner‹ in Uniform auf. Im Sommer lockt ein Biergarten ins Freie.

Weithin beliebt ist der Klimp wegen seiner umfangreichen Speisekarte. Das rustikale Angebot an Schnitzeln aller Art wird ergänzt von Spezialitäten wie dem ›Salatteller Lokführer‹ oder dem ›Schrankenwärter‹, einem gefüllten Schweinerückenschnitzel mit Grillspeck. Daneben wird Saisonales angeboten: vom Wild aus Feld, Wald und Wiese im Januar über Spargelwochen im Mai und den Französischen Wochen im August bis hin zum November, wo ›alles, was fliegt, von Ente bis Gans‹ den Gästen das Wasser im Munde zusammenlaufen lässt. Die Portionen sind reichlich, und wer gutbürgerliche Küche zu schätzen weiß, ist im Brüggener Klimp bestens aufgehoben!

Über das reichhaltige Angebot des Restaurants hinaus kann sich der Gast auch als ›Selbergriller‹ in der finnischen Grillhütte vor dem Haus versuchen.

DER MARKTPLATZ BEFINDET SICH IM ZENTRUM VENLOS UND IST GUT AUSGESCHILDERT.

MARKTPLATZ /// 5911 HD VENLO /// NIEDERLANDE /// 00 31 / 77 / 3 54 38 00 ///

SHOPPEN BEI UNSEREN HOLLÄNDISCHEN NACHBARN

Marktplatz von Venlo

45

Nur eine gute halbe Autostunde vom Ruhrgebiet entfernt liegt ganz in der Nähe des deutsch-niederländischen Grenzgebiets die zweitgrößte Stadt der holländischen Provinz Limburg. Mit rund 100.000 Einwohnern ist Venlo als Einkaufsstadt ein sehr beliebtes Ausflugsziel für deutsche Touristen – besonders an den Wochenenden und wenn die Geschäfte in Deutschland aufgrund von Feiertagen geschlossen sind.

Doch nicht nur zum Shoppen ist die holländische Stadt an der Maas eine Reise wert. Die alte Römersiedlung und spätere Hansestadt wurde im Zweiten Weltkrieg stark zerstört, die Innenstadt jedoch nach mittelalterlichem Straßenmuster wiederaufgebaut. Heute bietet Venlo ein heimeliges Flair. Einen Besuch wert ist in jedem Fall der Rathausmarkt mit seinen historischen Gebäuden im Zentrum. Den offenen Platz, der von Restaurants und Straßencafés umsäumt ist, dominiert das alte Rathaus im Renaissancestil. Dessen Türme tragen zwei unterschiedlichen Arten von Uhren: ein mechanischer Zeitmesser und eine Sonnenuhr. Ein merkwürdiger Anblick! Vom ›Old Dutch‹ aus, einem typisch holländischen Restaurant mit rustikalen Tischen und Stühlen sowie einer langen Theke mit einer überdimensionalen Heineken-Neon-Bierwerbung, genießt man freien Blick auf das Geschehen auf dem Marktplatz. Hier versammeln sich die Besucher der Einkaufsstraßen und ruhen sich bei einem Tässchen Kaffee mit Kuchen aus. Und da ist es wieder, das Klischee der dauereinkaufenden Touristen. Käse, Kaffee und aromatisierte Tees sind offenbar immer noch die begehrtesten Produkte. Hauptattraktion ist das Kaufhaus ›Die Zwei Brüder von Venlo‹. Und zweimal pro Woche bietet ein Markt auf dem Nolensplein eine riesige Auswahl an Frischeprodukten. Wer hier nicht fündig wird, ist selbst schuld!

Im Venloer Stadtbezirk Tegelen liegt das Klosterdorf Steyl mit vielen alten Klostergebäuden. Unbedingt ansehen: den Botanischen Garten Jochumhof.

THERMAALBAD ARCEN /// KLEIN VINK 11 ///
5944 EX ARCEN /// NIEDERLANDE /// 00 31 / 07 7 / 4 73 24 24 ///
WWW.BAD-ARCEN.DE ///

EIN KURZURLAUB ZUM WOHLFÜHLEN UND ENTSPANNEN

46

Thermalbad in Arcen

Einfach mal in schöner Umgebung den Alltag vergessen, Stress abbauen, Seele und Körper so richtig Erholung gönnen! Man muss dafür sicherlich nicht unbedingt bis nach Holland fahren – in diesem Fall aber ist es die Reise wert. Denn hier kann man nicht nur faul im Wasser liegen, sondern ganz nebenbei auch Landschaft, Natur und ausgedehnte Wälder genießen.

Im Urlaubspark Klein Vink im Nord-Limburger Land liegt diese Oase des Wohlbefindens. Das Wasser in den Thermalbecken von Arcen wird aus einem 892 Meter tiefen Brunnen gewonnen, enthält unter anderem die Mineralien Fluorid, Jodsalz und Eisen und ist gut 35 Grad warm – ideal für gleichermaßen heilsame wie entspannende Wirkung. Sowohl im Sommer als auch im Winter lässt es sich bei diesen Temperaturen nicht nur im Hallenbad, sondern ebenso in den drei Außenbecken aushalten. Wenn man es sich erst einmal auf den Sprudelbänken bequem gemacht hat, überflutet das wohlige Gefühl einer sanften Wassermassage den geplagten Körper. Nun einfach die Augen schließen und das Glück des Augenblicks genießen. Zudem laden sechs finnische Saunen den Badegast zum Relaxen ein, sei es mit Alpenkräutern-, Eukalyptus-, Rosmarin- oder Limonenaufgüssen. Zwischendurch schnell zur Abkühlung ins 12 Grad kalte Eiswasserbad.

Zum Service gehören diverse Wellness-Behandlungen von der Algen-Körperpackung bis hin zur Thailändischen Kräuterstempelmassage. An der Vitaminbar kann man den Flüssigkeitsverlust mit köstlichen Fruchtsäften wieder auffüllen.

Nach dem Planschvergnügen lockt die reizvolle Umgebung zu einem Spaziergang: Mit dem aus dem 17. Jahrhundert stammenden Schloss bietet der Blumen- und Pflanzenpark eine Fülle von exotischen Eindrücken. Wer es lieber alkoholisch mag, sollte die Bierbrauerei ›Hertog Jan‹ oder die Likörbrennerei ›De IJsvogel‹ besichtigen.

›De Bosrand‹ ist ein gemütliches Pannekoekenhuis in Arcen mit 85 leckeren Sorten traditionell gebackener Pfannkuchen.

GENERATORENHALLE VIERSEN /// REKTORATSTRASSE 16 A ///
41747 VIERSEN /// 0 21 62 / 37 10 /// WWW.VIERSEN.DE ///

HIER SPIELT DIE MUSIK

Generatorenhalle in Viersen

47

Kunstausstellungen, Lesungen und Kulturveranstaltungen aller Art – in der Generatorenhalle der ehemaligen Stadtwerke ist immer etwas los. Hier spielt die Musik, und das nicht nur im wörtlichen Sinne! Kein Wunder, liegt die Halle doch mitten in der Stadt. Schon beim ersten Eindruck wird dem Besucher klar: Vor ihm steht ein wunderschönes Beispiel außergewöhnlicher Architektur.

Nach einer grundlegenden Restaurierung in den 1980er-Jahren erstrahlt das Jugendstilgebäude in neuem Glanz. Seit 1985 hat es den Status eines Denkmals in Viersen. Blickfang ist zweifellos die prächtige rote Fassade mit dem groß dimensionierten, halbrunden Bogenfenster. Das Schmuckstück der Viersener Innenstadt ist zugleich ein wichtiges Zeugnis der Technikgeschichte. 1905 wurde diese Maschinenhalle vom Viersener Architekten Franz Kreutzer als repräsentatives Bauwerk errichtet. Unverkennbar dominiert der Jugendstil, aber Einflüsse anderer Stilepochen sind auszumachen. In der Giebelzone sind Anleihen an die Renaissance zu erkennen, Rundbögen und Blendarkaden sind der Romanik entlehnt. Auffällig sind die vier filigranen Türmchen, die aus der Fassade herauszuwachsen scheinen. Im Giebel befindet sich das alte Stadtwappen mit dem Geldrischen Löwen, darunter weist der Schriftzug ›Elektrizitätswerk‹ unmissverständlich auf die ehemalige Funktion des Gebäudes hin.

Auch der riesige Innenraum wurde von Grund auf erneuert. Neueste Technik ermöglicht sogar Filmvorführungen und musikalische Darbietungen. So schmuckvoll die Fassade gestaltet ist, im Inneren dominiert die Zweckmäßigkeit – schließlich standen hier einst Generatoren zur Erzeugung von Elektrizität. Dafür bietet der große Raum genügend Platz und Möglichkeiten für Veranstaltungen vielfältiger Art.

Neben zahlreichen Tagungen findet in der Halle alljährlich der traditionelle Weihnachtliche Jazz-Spätschoppen statt.

Bei großen Sport-Ereignissen wie der Fußball-WM oder -EM treffen sich hier die Fans zum geselligen ›Rudelgucken‹. Das ist Kult!

DÜLKENER NARRENMÜHLE /// RHEINDAHLENER STRASSE 2 ///
41751 VIERSEN /// 0 21 62 / 5 52 26 /// WWW.NARRENAKADEMIE.DE ///

WILLKOMMEN IN DER MONDSUNIVERSITÄT

Dülkener Narrenmühle in Viersen

48

Das rot-grün gestreifte Wahrzeichen Dülkens sticht sofort ins Auge. Vier riesige Segelgatterflügel lenken unweigerlich die Aufmerksamkeit auf die eigenartige Bockwindmühle mit dem Schild ›Narrenmühle‹. Auf deren Spitze thront eine Mondsichel, das Zeichen der ›Mondsuniversität‹, die hier ihr Zuhause hat. Denn seit geraumer Zeit wird in dem Bauwerk kein Korn mehr gemahlen, sondern karnevalistisches Brauchtum gepflegt.

Die kastenförmige Kornmühle mit den roten und grünen Querstreifen ruht seit 1912 auf einem 1,80 Meter hohen Sockel, auch Bock genannt. Er ist vollkommen rund und mit Ziegeln gemauert. Auffällig ist der farbenfrohe Eingang zum städtischen Museum, das sich im unteren Teil des Bauwerks befindet.

Doch geradezu einzigartig ist eine andere Geschichte: Die 1809 erbaute Bockwindmühle ist seit 1950 Sitz der Narrenakademie. Diese kuriose Vereinigung wurde 1554 unter dem Titel ›Die Dülkener Narrenakademie, die berittene Akademie der Künste und Wissenschaften, die erleuchtete Mondsuniversität‹ gegründet und tagte ursprünglich in der 1556 gebauten Tränkenmühle, bis diese bei einem schweren Sturm zerstört wurde. Heute ist in der Dülkener Mühle ein Narrenmuseum untergebracht, während die Mitglieder der Narrenakademie – früher waren es in erster Linie die Honoratioren der Stadt – im sogenannten Weisheitssaal die Sitzungen der ›erleuchteten Mondsuniversität‹ abhalten. Närrischer Höhepunkt und gleichzeitig Eröffnung der Dülkener Karnevalssession ist der Narrenritt auf hölzernen Steckenpferden um die Windmühle herum. Dieses Ritual wird alljährlich am 11. November von der ›berittenen Akademie‹ vollzogen. Typische Zeugnisse des Brauchtums wie Orden, Fahnen oder Hüte sind im Museum zu besichtigen. Akademischer Höhepunkt des karnevalistischen Frohsinns ist fraglos die alljährliche Krönung des Dr. humoris causa.

Kunstliebhaber sollten die Skulpturensammlung der Stadt Viersen besuchen. Im Skulpturenpark sind bedeutende zeitgenössische Kunstwerke zu sehen.

STÄDTISCHES MUSEUM ABTEIBERG /// ABTEISTRASSE 27 ///
41061 MÖNCHENGLADBACH /// 0 21 61 / 25 26 37 ///
WWW.MUSEUM-ABTEIBERG.DE ///

KUNSTGENUSS STATT OBSTANBAU

Skulpturengarten des Museum Abteiberg in Mönchengladbach

49

Wenn man das Museum Abteiberg in Mönchengladbach besucht, sollte man es auf keinen Fall versäumen, durch den wunderschön angelegten Skulpturengarten zu gehen. Er wurde im Mai 2002 aus Anlass der dezentralen Landesgartenschau ›EUROGA 2002 plus‹ eröffnet und ist tagsüber für jeden frei zugänglich. Der Park liegt am Hang, weshalb einige Treppen den Fußgänger mal hoch, mal runter leiten. Neben seinem imposanten Baumbestand bietet er spezielle gartenarchitektonische Konzepte, wie die künstlich angelegten ›Reisterrassen‹ des Architekten Hans Hollein, zudem strahlt er im unteren Bereich ein neobarockes Ambiente aus. Doch zudem präsentiert sich an diesem Ort viel moderne Kunst. Tatsächlich wurden einige der Werke extra für den Abteigarten angefertigt und animieren den Besucher nun zum Nachdenken, Philosophieren und Meditieren. Die Namen der Künstler dürften nicht jedem geläufig sein, doch ihre Werke bestechen durch eine abstrakte Formensprache sowie durch Witz und Originalität. Elemente wie Ring und Kugel werden mit Figürlichem und Archaischem konfrontiert und schaffen so etwas völlig Neues. Die Skulpturen sollen Natur, Kunst und Leben verbinden; so schuf beispielsweise der Hamburger Bildhauer Stefan Kern (geb. 1966) in einer Kastanie ein Baumhaus, das sogar – auf eigene Gefahr – betreten werden kann.

Hier lässt es sich also prima lustwandeln, wie es einst schon die Mönche der Benediktinerabtei taten – ursprünglich war dies nämlich ihr Obstgarten. Stattdessen gibt es heute einen durch eine kleine Mauer abgetrennten Pfarrgarten, der zum romanischen Münster gehört. Das Areal hinter dem Museum führt bis zu einer Mauer, die ein Teil der alten Stadtmauer ist. Der Abteiberg gilt bis heute als das Herz Mönchengladbachs.

Wer auf den Geschmack gekommen ist, sollte seinen Kunstspaziergang auf der Skulpturenmeile in der City von Mönchengladbach fortsetzen.

NEUER WASSERTURM /// VIERSENER STRASSE 115 ///
41063 MÖNCHENGLADBACH /// 0 21 61 / 6 88 24 09 ///

EIN INDUSTRIEDENKMAL – SCHÖN UND FUNKTIONAL ZUGLEICH

Neuer Wasserturm in Mönchengladbach

50

Er ist 51 Meter hoch und wurde im Jahr 1909 errichtet. Und er liefert heute noch das Wasser für 50.0000 Mönchengladbacher Bürger – der Neue Wasserturm an der Viersener Straße. Als zweifellos einer der schönsten Wassertürme Deutschlands gehört er zu den Wahrzeichen der Stadt. Zwei Jahre und 216.000 Goldmark waren nötig, um dieses repräsentative Jugendstil-Bauwerk nach den Plänen des Mönchengladbacher Stadtbaumeisters Otto Greiß fertigzustellen.

Für Technikfreaks ist natürlich in erster Linie die Funktion von Interesse. Im Innern des Turms sind zwei riesige Behälter untergebracht, die zur Trinkwasserversorgung dienen. Während der untere Behälter mit einem Volumen von etwa 2.300 Kubikmetern die tiefer liegenden Gebiete Mönchengladbachs versorgt, fasst der obere Behälter 800 Kubikmeter Wasser und ist für die Oberstadt zuständig. Das sind zusammen beeindruckende drei Millionen Liter Wasser. Das gewaltige Gewicht des oberen Tanks wird hierbei nur von den Außenwänden getragen. Eine Extrakonstruktion als Stütze im Innern war somit nicht nötig.

Doch der Neue Wasserturm ist zudem auch ein ästhetischer Blickfang. Als das Repräsentationsbauwerk um die Jahrhundertwende eingeweiht wurde, entstanden zur gleichen Zeit vielerorts die Bismarcktürme zu Ehren des ehemaligen Reichskanzlers als Feuer- und Aussichtstürme. Unser Wasserturm passt hervorragend in diese Reihe schmuckvoller Architektur. Die gemauerte Außenwand präsentiert sich mit hellgelbem Putz und einem Muster aus dunkelroten Ziegelsteinen. Rundherum läuft ein Skulpturenkranz mit Köpfen verschiedener Wassertiere. In der Mitte prangt das Stadtwappen; ein dunkles Kuppeldach schließt den Turm ab. Über eine Wendeltreppe gelangt man nach 234 Stufen an den höchsten Punkt, die sogenannte Laterne. Von hier aus hat man eine grandiose Sicht über Mönchengladbach.

Künstler können die ehemalige Pumpenwärterwohnung im Wasserturm als kostenfreies Atelier nutzen. Allerdings müssen sie die Pumpgeräusche in Kauf nehmen.

KAISER-FRIEDRICH-HALLE /// HOHENZOLLERNSTRASSE 15 ///
41061 MÖNCHENGLADBACH /// 0 21 61 / 1 00 94 ///
WWW.KAISER-FRIEDRICH-HALLE.DE ///

EIN PRACHTBAU MIT PARKLANDSCHAFT

51

Kaiser-Friedrich-Halle und Bunter Garten in Mönchengladbach

Erbaut wurde die Kaiser-Friedrich-Halle zwischen 1901 und 1903. Seinen Namen erhielt das mitten in Mönchengladbach gelegene Jugendstilgebäude von Kaiser Friedrich III. (1831–1888), der nur 99 Tage lang regierte. Die Einheimischen fanden schnell einen treffenden Spitznamen für das Bauwerk und sprachen spöttisch vom ›Chinesischen Bahnhof‹. Schuld daran waren wohl die geschwungenen grünen Dächer.

In der Folgezeit veränderte sich das Aussehen der Halle mehrfach. Nach dem Zweiten Weltkrieg, den das Bauwerk ohne größere Schäden überstand, wurde es 1959 zum Konzerthaus umgebaut. Zwei Brände in den 1960er- und 1970er-Jahren zwangen zu weiteren Umgestaltungen des Innenbereichs. Heute wird die Kaiser-Friedrich-Halle als Tagungs- und Kongressgebäude rege genutzt. Die einzelnen Räume im Obergeschoss tragen klangvolle und geschichtsträchtige Namen wie ›Kaiserin Viktoria‹, ›Preußen‹ und ›Sanssouci‹. Es gibt auch ein luxuriöses Hochzeitszimmer im Untergeschoss. In der Halle finden das ganze Jahr über Festveranstaltungen, Ausstellungen, Konzerte und Messen statt, die durch das Jugendstilgebäude ein besonderes Flair erhalten.

Das zugehörige Restaurant versteht sich als Ort der gehobenen Gastronomie und ist eher ein Treffpunkt elitärerer Kreise. Viel interessanter ist da der hinter dem Restaurant liegende ›Bunte Garten‹. Er erstreckt sich von der Bismarckstraße bis zum Nordpark und kann kostenlos besucht werden. Aus den ursprünglich eigenständigen Anlagen Kaisergarten und Botanischer Garten entstand der Park in seiner aktuellen Ausdehnung. In den warmen Jahreszeiten sollte man unbedingt längere Spaziergänge unternehmen und die farbenfrohen Blüten unterschiedlichster Pflanzen sowie die Fülle prächtiger Bäume und Sträucher genießen. Es ist sicherlich nicht übertrieben, bei Park und Kaiser-Friedrich-Halle von einem Gesamtkunstwerk zu sprechen.

Eine sommerliche Attraktion ist die Gartenlounge der Kaiser-Friedrich-Halle: eine Grünanlage mit großem Teich, Springbrunnen und gemütlichen Sitzecken.

**BRAUEREI ZUM STEFANUS /// MENNRATH 59 ///
41179 MÖNCHENGLADBACH /// 0 21 61 / 58 01 54 ///
WWW.ZUM-STEFANUS.DE ///**

URIGE GASTSTÄTTE MIT RUSTIKALEM FLAIR

Brauerei Zum Stefanus in Mönchengladbach

9/11

Wo gibt es sie noch, die kleinen, aber feinen Hausbrauereien, die exquisite Biere und originelle Geschmacksnuancen offerieren? Leider haben viele Privatbrauereien in der Region aufgeben müssen. In Mönchengladbach-Mennrath lebt allerdings die Brautradition fort. Zum Stefanus ist zurzeit die einzige Privatbrauerei der Stadt und wird seit über 40 Jahren als typisches Familienunternehmen geführt.

Neben den drei Stammbiersorten Stefanus Hell, Dunkel und Weizen werden je nach Saison spezielle Köstlichkeiten angeboten. Das kräftige Festbier im Spätsommer wird vom Adventsbier in der Vorweihnachtszeit abgelöst. Bockbier gibt's in der Weihnachtszeit. Traditionell wird es erstmals am Zweiten Weihnachtstag, dem Stefanustag, ausgeschenkt und erneut zwischen Aschermittwoch und Ostern angeboten. Mit diesen alten Biertraditionen lässt sich das Kalenderjahr strukturieren – mit dem stets gleichen Kasten aus dem Supermarkt geht das natürlich nicht! Mein spezieller Favorit ist das ›naturtrübe Stefanus Dunkel‹ – es schmeckt einfach immer und zu jeder Jahreszeit.

Als der Gerstensaft noch aus den Hausbrauereien kam, wurden so manche Gerichte mit Bier zubereitet und abgerundet. Denn die besonderen Aromastoffe des Hopfens verleihen jedem Gericht eine spezielle Würze. Einige werden auch heute nach überlieferten regionalen Rezepten zubereitet: Ein Paradebeispiel hierfür ist der Niederrheinische Sauerbraten. ›Nach Oma Inges Familienrezept‹ wird er in der gemütlichen Gaststube der Brauerei mit Kartoffelklößen, Rotkraut und Apfelkompott gereicht. Weitere kulinarische Highlights sind die typisch niederrheinischen Reibekuchen und die frischen Muscheln; letztere gibt's nur in Monaten mit dem Buchstaben r.

Zur Abrundung eines kräftig-deftigen Mahls steht ein Stefanus Weizen-Bierbrand oder ein Bierkräuterlikör bereit – natürlich aus eigener Herstellung.

Wer das besondere Bier zu Hause genießen möchte, kann es in der speziellen Ein-Liter-Bügelflasche mitnehmen – eine weitere Attraktion des Hauses.

DAS MUSEUM BEFINDET SICH IM STADTPARK.

MUSEUM VILLA ERCKENS /// AM STADTPARK /// 41515 GREVENBROICH /// 0 21 81 / 60 86 56 /// WWW.MUSEUM-VILLA-ERCKENS.DE ///

WO DIE ›NIEDERRHEINISCHE SEELE‹ ZU HAUSE IST

52

Museum Villa Erckens in Grevenbroich

So mancher Besucher, der nicht hier aufgewachsen ist, fragt sich womöglich, was das Typische und Unverwechselbare am Bewohner des Niederrheins ist. Ein musealer Ort gewährt nun tiefere Einblicke in das Selbstverständnis, die besonderen Eigentümlichkeiten und Gewohnheiten jener Menschen, die in diesem Landstrich leben. In der Villa Erckens kommt man der niederrheinischen Seele auf die Spur.

Seit März 2012 hat die ›Niederrheinische Seele‹ eine Heimat in Grevenbroich gefunden. In der ersten Etage der 1887 erbauten, zwischenzeitlich komplett renovierten Villa Erckens zeigt eine Dauerausstellung die Besonderheiten dieser Region. In neun farblich akzentuierten Räumen werden die Lebenswelten der Niederrheiner präsentiert. In diesem Erlebnismuseum gibt es viele typische Dinge des Alltags zu ertasten, zu riechen oder zu hören. Einzelne Stationen laden zum Mitmachen ein. Da ist zum einen der Dialekt, der aufhorchen lässt. Im Themenraum ›Redens-Arten‹ werden Wörter und Aussprache ›op platt‹ oder die rheinischen Dehnungsvokale lebendig. Bei den ›Kost-Proben‹ sind landestypische Spezialitäten wie der rheinische Sauerbraten, der Panhas oder die Apfelriemchen-Torte als dauerhaft konservierte Originalgerichte oder Plastikimitationen prägnante Anschauungsobjekte. Weitere Themenschwerpunkte der Ausstellung sind Religion und Glaubenstoleranz, Feste und Arbeitswelten.

Die ehemalige Industriellenvilla aus der Gründerzeit liegt inmitten der Innenstadt in der Stadtparkinsel. In dieser Oase der Ruhe findet man neben Entspannung jede Menge kulturelle Anregung wie wechselnde Kunstaustellungen und musikalische Darbietungen. Hier haben auch die Stadtbücherei und die Volkshochschule ihren Standort. Nach dem Kunstgenuss bietet es sich an, im Grün des Parks zu verweilen und die neu gewonnenen Eindrücke in aller Ruhe auf sich wirken zu lassen.

Mit dem Eichhörnchen Ercki, dem Maskottchen des Museums, können Kinder und Jugendliche auf kulturelle Entdeckungsreise durch Park und Gebäude gehen.

DIE GROSSEN STÄDTE

CityPALA

WIRTSCHAFTLICHE METROPOLE DES NIEDERRHEINS

Die Stadt Duisburg

Duisburg – nach Düsseldorf die größte Stadt am Niederrhein. Sie sieht sich gern als Zentrum dieser Region, kann sich andererseits jedoch nicht so recht entscheiden, wo sie sich am ehesten zugehörig fühlt. Genau genommen bildet sie eine Art Drehscheibe zwischen dem Rheinland, dem Ruhrgebiet und der Region am Niederrhein. Vielfältige Beziehungen zur Landeshauptstadt Düsseldorf, die ja lediglich ein paar Kilometer weiter südlich liegt, lassen die engen Bindungen an die ›Rheinschiene‹ erkennen.

Unbestreitbar ist Duisburg das wirtschaftliche Zentrum des Niederrheins. Das verdankt es nicht zuletzt seinem Hafen am Zusammenfluss dreier wichtiger Wasserstraßen: dem Rhein, der Ruhr und dem Rhein-Herne-Kanal. Hier, im größten Binnenhafen Europas, wurden und werden die Waren und Handelsgüter umgeschlagen, vom holländischen Seehafen Rotterdam mit Lastkähnen und kompletten Schubverbänden über den Rhein nach Duisburg gebracht und zu Empfängern in ganz Europa weitertransportiert. Dabei begannen erst 1826 die Arbeiten zum Bau des Innenhafens, der der Stadt den direkten Zugang zum Rhein ermöglichte. Im Mittelalter, um 1200, hatte der mächtige Strom – wie schon so oft zuvor in der Geschichte – sein Flussbett nach Westen verlegt, die Stadt war ›trockengelegt‹ und ohne direkten Anschluss an die für den Handel eminente Wasserstraße.

Erst mit dem Innenhafen wurden die alten Wasserhandelswege wieder zum Mittelpunkt des wirtschaftlichen Lebens Duisburgs. Sehr bald erwiesen sich die Hafenanlagen als wahre Goldgrube: Mit Beginn der industriellen Revolution stieg Duisburg zum Versorgungszentrum der Region auf. Hier war der wichtigste Umschlagplatz für dringend benötigtes Grubenholz zum Ausbau der Zechen, und hier entstanden riesige Getreidesilos und Mühlbetriebe zur Versorgung der explosionsartig wachsenden Bevölkerung. Die Bezeichnungen ›Brotkorb‹ und ›Kornkammer des Reviers‹ wurden vorübergehend zu Synonymen für Duisburg. Bis zur Mitte des 20. Jahrhunderts dauerte dieser wirtschaftliche Boom an, danach verlor der Innenhafen an Bedeutung. Seine bisherige Rolle übernahmen die Ruhrorter und Meidericher Häfen, die sich als ›Duisport‹ zum größten Umschlagplatz für Güter aller Art entwickelten. Die Containerterminals im ersten deutschen Freihafen im Binnenland bilden gewissermaßen das wirtschaftliche Rückgrat Duisburgs.

Stattet man der Industriestadt am Rhein einen Besuch ab, gehört neben der Hafenrundfahrt mit den adretten Motorschiffen der ›Weißen Flotte‹ ein Abstecher in den Innenhafen zum Pflichtprogramm. Als Teilprojekt der Internationalen Bauausstellung gelang es, ihn komplett umzustrukturieren. Schlendert der Besucher heute durch dieses Viertel, fällt es ihm einigermaßen schwer, sich vorzustellen, dass an diesem beschaulichen Ort einst das Arbeitsleben pulsierte. Die Getreidesilos, Mühlen und andere nicht mehr benötigte Großbauten wurden nicht etwa gedankenlos abgerissen, wie es andernorts leider zu oft geschieht, sondern restauriert und behutsam für eine neue Nutzung umgebaut. So ist in der ehemaligen Küppersmühle das gleichnamige Museum für Moderne Kunst untergebracht. In einem weiteren Gebäude findet man das Kulturhistorische Museum Duisburgs. Zu dessen Glanzpunkten gehört das Erbe des größten Sohnes Duisburgs, Gerhard Mercator, der Erfinder neuartiger Weltkarten und Globen. Überall in der Stadt taucht sein Name auf, nur die nach ihm benannte Mercatorhalle mit ihrer herausragenden Akustik musste einer Spielhalle weichen, was viele Duisburger bis heute bedauern.

Doch noch einmal zurück zum Innenhafen: Neben der Kultur hat sich hier eine abwechslungsreiche, gehobene Gastronomie etabliert, wo die Gäste bei schönem Wetter den Blick aufs Wasser und die neu angelegten Grachten genießen können. Futuristische Gebäude wie das Five Boats bestimmen das Ambiente – nomen est, in diesem Falle, omen, denn die Häuser wirken eher wie mächtige, vor Anker liegende Schiffe als eine nüchterne Ansammlung von Büros.

BRUNNENMEILE DUISBURG /// ECKE KÖNIGSTRASSE /
DÜSSELDORFER STRASSE /// 47051 DUISBURG /// WWW.DUISBURG.DE ///

LEBENSRETTER AUF DER SHOPPINGMEILE

Brunnenmeile in Duisburg

53

Groß, poppig und fröhlich! Er ist schon ein auffälliger Blickfang in der Duisburger Fußgängerzone, den keiner übersehen kann: Da steht ein exotisch schillernder Vogel mit ausgebreiteten Flügeln in einem runden Brunnenbecken. Riesig ragt er empor, während sich ein kleines weibliches Wesen in einem knallbunten Badeanzug an seinem Oberkörper festklammert, die kräftigen Beine um ihn geschlungen und die Arme um seinen Hals gelegt. Fast scheinen die beiden Kreaturen miteinander zu verschmelzen.

Der farbenprächtige Fantasievogel ist wohl der mexikanischen Mythologie entsprungen und soll den Himmel symbolisieren. Er wirkt so lebensfroh und fürsorglich, dass wohl jeder von seiner positiven Aura bezaubert ist. Doch als der Brunnen 1991 in der Duisburger Fußgängerzone aufgestellt wurde, sorgte er zunächst für Unmut und Protest unter der Bevölkerung. Man bemängelte das Aussehen der ästhetisch ungewöhnlichen Figur und kritisierte dazu die hohen Kosten des Pop-Art-Kunstwerks. Prominente Künstler schufen den ›Lebensretterbrunnen‹ als Gemeinschaftsprojekt: Niki de Saint Phalle (1930–2002) und Jean Tinguely (1925–1991). Während die Französin die voluminöse, 7,20 Meter hohe farbenprächtige Polyesterfigur anfertigte, konstruierte ihr Schweizer Lebensgefährte aus dunklen Eisenteilen den beweglichen Sockel, sodass sich das Ensemble im Halbkreis drehen kann. Zudem sprühen aus den Flügeln des märchenhaften Vogels munter kleine Wasserfontänen.

Der ›Lifesaver‹ gehört zur Brunnenmeile, die zwischen 1983 und 1993 in der Haupteinkaufsstraße angelegt wurde – ein etwa ein Kilometer langer Skulpturenweg mit figürlichen und abstrakten Werken. Es lohnt sich, sie beim Bummeln alle in Augenschein zu nehmen. Doch der ›Lebensretterbrunnen‹ ist sicherlich der größte Anziehungspunkt und gilt heute schon fast als Wahrzeichen der Stadt.

Im nahe gelegenen neuen FORUM Duisburg, das 2010 zum besten Europäischen Shoppingcenter gekürt wurde, lässt es sich ausgiebig bummeln.

FILMFORUM GMBH – KOMMUNALES KINO UND FILMHISTORISCHE SAMMLUNG DER STADT DUISBURG /// DELLPLATZ 16 /// 47051 DUISBURG /// 02 03 / 28 54 73 /// WWW.FILMFORUM.DE ///

BEWEGTE BILDER IN GEMÜTLICHEM AMBIENTE

›filmforum‹ – Kino und filmhistorische Sammlung in Duisburg 54

Wer sich aktuelle Blockbuster oder die neuesten Hollywoodproduktionen anschauen möchte, ist hier fehl am Platz. Denn im ältesten Kommunalen Kino Deutschlands werden in erster Linie Perlen der Filmkunst gezeigt, die man sonst kaum noch in einer öffentlichen Vorführung zu sehen bekommt – schon gar nicht in den großen Multiplex-Kinoketten, die die traditionellen Kinopaläste ersetzt haben.

›Andere Filme – anders zeigen‹ ist die ambitionierte Zielsetzung des ›filmforums‹. In zwei Sälen werden Filme abseits des Mainstreams für ein anspruchsvolles Publikum projiziert. Bereits seit 1959 zeigte die Volkshochschule Duisburg immer wieder Filme in den eigenen Räumen, ehe 1970 die offizielle Gründung des Kommunalen Kinos erfolgte. Als ›Studio M‹ in der Mercatorhalle untergebracht, folgte 1980 der Umzug an den heutigen Standort am Dellplatz. An der Fassade lockt Marlene Dietrich auf einem Panoramafoto; das kleine, gemütliche ›Café Movie‹ bietet Snacks und Getränke an. Der große Saal im Stil der 1950er-Jahre, mit modernster Technik ausgestattet, fasst 200 Zuschauer, im kleineren Studio finden immer noch 90 Personen Platz. Das wichtigste Festival des deutschsprachigen Dokumentarfilms, die ›Duisburger Filmwoche‹, ist hier zu Hause. Und wo kann man sonst noch Filme im Originalton sehen? Oder längst vergessene Stummfilmklassiker auf der großen Leinwand bewundern? Mit Werkreihen berühmter und auch weniger bekannter Regisseure erfüllt das ›filmforum‹ zudem seinen pädagogischen Auftrag, das Filmschaffen einem interessierten Publikum nahezubringen. Außerdem beherbergt das umfangreiche Archiv über 60.000 Filmplakate und Fotos und ist damit eines der wichtigsten in NRW.

Das ›Sommerkino‹ des ›filmforums‹ findet im Meidericher Hüttenwerk statt und schafft mit seiner abendlichen Illumination eine bezaubernde Atmosphäre.

Vom ›filmforum‹ ist es nicht weit zum umgestalteten Innenhafen mit seinen Restaurants und Cafés, um sich nach dem Filmgenuss kulinarisch verwöhnen zu lassen.

KÖ-CAFÉ DOBBELSTEIN E. K. /// KÖNIGSTRASSE 23 – 25 ///
47051 DUISBURG /// 02 03 / 2 03 09 ///
WWW.KONDITOREI-DOBBELSTEIN.DE ///

EXQUISITE LECKEREIEN UND DIE GRÖSSTE KAFFEEMÜHLE DER WELT

Café Dobbelstein in Duisburg

10/11

Eines der ältesten Traditionscafés des Niederrheins ist in der Duisburger Innenstadt beheimatet. Im Jahr 1858 gründete Friedrich Dobbelstein am Burgplatz eine Konditorei. Bereits zwei Jahre später eröffnete er die erste Kaffeestube der Stadt, eine echte Neuheit! Nach dem Krieg entstand 1949 auf dem Sonnenwall diese Konditorei, seit 1982 gibt es eine weitere Filiale in der Königsstraße.

Die Konditorei Otto Dobbelstein auf dem Sonnenwall versprüht nostalgisches Flair. Hier lässt sich mit allen Sinnen genießen: Das herrliche Aroma frisch gebrühten Kaffees, der unwiderstehliche Duft ofenwarmen Brotes und der Anblick diverser süßer Köstlichkeiten schlagen jeden Gast sofort in ihren Bann. Im Gegensatz zu den Pappbechern der ›Coffee to go‹-Shops werden hier in gemütlichem Ambiente die Kaffeespezialitäten oder heiße Schokolade in edlem Service gereicht. Blickfang ist die 1988 fertiggestellte, sogar im Guinness Buch der Rekorde verzeichnete größte Kaffeemühle der Welt. Sie ist fast 2,50 Meter hoch und wiegt gut 450 Kilogramm – und sie funktioniert! Allein mit einer Befüllung kann man rund 50 Kilo Kaffee mahlen. An den Wänden ist zudem eine riesige Sammlung von Handkaffeemühlen zu bestaunen.

Das Kö-Café Dobbelstein lädt mit zwei Gartenterrassen zum Ausruhen und Genießen ein. Hier befragte auch schon der berühmte ›Tatort‹-Kommissar Schimanski Zeugen bei einer Tasse Kaffee. Zu den Spezialitäten gehören Torten, Baumkuchen und Teegebäck. Und wo sonst bekommt man ›Duisburger Ruhrkohle‹, Nougat- und Marzipan-Pralinen in Jutesäckchen verpackt, die optisch an die früheren Kohlestücke Nuss 3 erinnern? Oder handgeschöpfte Chilischokolade oder gefüllte Schokoladenstangen? Wer jedoch eine muffige, von den 1950er-Jahren geprägte Atmosphäre erwartet, wird überrascht sein. Das neue Konzept mit angesagten Barhockern lockt auch junges Publikum an.

Als Mitbringsel beliebt sind ›Duisburger Dreck‹ oder ›Duisburger Leckerchen‹, eine Mischung aus Nussflocken in Vollmilch- und Zartbitterschokolade.

ZOO DUISBURG AG /// MÜLHEIMER STRASSE 273 /// 47058 DUISBURG ///
02 03 / 30 55 90 /// WWW.ZOO-DUISBURG.DE ///

EIN TUMMELPLATZ FÜR TIERE ALLER ART

Duisburger Zoo

55

Die Perspektiven ändern sich. Die Gegebenheiten auch. Ein Zoobesuch als Kind in den 1960er-Jahren an den Händen der Eltern rief fast ungläubiges Staunen hervor. Die riesigen Elefanten mit ihren unheimlichen Rüsseln; Giraffen mit nicht enden wollenden Hälsen; Raubtiere, die in ihren engen Käfigen gereizt auf und ab liefen; Löwen, die träge den Tag verdösten – und natürlich Affen, die herumtollten und ihre Späße machten. Alles war aufregend, exotisch und einfach überwältigend!

Mittlerweile ist die Sicht auf die Welt nüchterner geworden, und damit auch auf die Tierwelt. Was einst in Staunen versetzt hat, scheint heute nur zu bekannt und alltäglich zu sein. Naturdokumentationen im Fernsehen führen in die entlegensten Winkel der Erde, Aussehen und Verhalten der Tiere sind offenbar nicht fremd – bis man eines Tages tatsächlich wieder einmal der massigen Gestalt eines Bären oder eines Nashorns gegenübersteht.

Der Duisburger Zoo wurde 1934 eröffnet und entwickelte sich seitdem zu einem der weltweit bekanntesten Zoologischen Gärten. Insgesamt über 3.196 Tiere aus 266 Arten leben auf 16 Hektar. Spektakulär und zugleich umstritten ist das Delfinarium; die ›Flipper‹ sind die Hauptattraktion des Tierparks. Die engen Käfige und Gehege der 60er-Jahre sind zum größten Teil verschwunden. An ihre Stelle traten artgerechte Anlagen, wie die Tropenhalle Rio Negro, die weitgehend natürliche Einblicke in den südamerikanischen Dschungel gewähren. Das Äquatorium zeigt die Lebenswelt der Tiere in den heißen Zonen Afrikas, Südamerikas, Asiens und Australiens. Im Koalahaus gelang sogar die Zucht der seltenen Bären.

Besonders angetan haben es uns die possierlichen Erdmännchen, die seit 2007 im Duisburger Zoo zu Hause sind. Und dann erwacht sie wieder, diese fast schon kindliche Freude an Lebewesen, die mitunter so menschlich erscheinen!

Ganz in der Nähe liegt das beliebte Restaurant ›Lindenwirtin‹. Der große Biergarten lädt nach dem Zoobesuch zum Ausruhen und Entspannen ein.

DUISBURGSPORT /// MARGARETENSTRASSE 11 /// 47055 DUISBURG ///
02 03 / 2 83 44 44 /// WWW.DUISBURG.DE/FA/SPORTPARK ///

FUSSBALL, RUDERN, SCHWIMMEN – HAUPTSACHE BEWEGUNG!

Sportpark in Duisburg

56

Das Stadion brodelt. Die Fußballfans fiebern einem Heimspiel des ›Meidericher Spielvereins 02 e.V. Duisburg‹, kurz MSV Duisburg, entgegen. »Zebrastreifen weiß und blau – ein jeder weiß genau, das ist der MSV!«, hallt der Refrain des ›Zebratwists‹ durch die Ränge der Schauinsland-Reisen-Arena. Sie ist das Herzstück des Sportparks und wurde 1926 eingeweiht. Seither hat sie ihren Namen einige Male gewechselt. Aus dem altehrwürdigen ›Wedau-Stadion‹ wurde die ›MSV-Arena‹, seit 2010 trägt die Arena den Namen des wichtigsten Sponsors. Wenn auch die erfolgreichsten Zeiten des MSV lange zurückliegen, als der große FC Bayern in den 1970er-Jahren mit Beckenbauer, Müller und Maier regelmäßig Prügel bezog, ist er immer noch Kristallisationspunkt der Fans.

Doch nicht nur der Fußball ist im Duisburger Sportpark zu Hause. Ganz im Gegenteil. Das rund 200 Hektar umfassende Gelände im Süden der Stadt ist eines der größten Sport- und Erholungsgebiete Deutschlands. Hier gibt es Trainings- und Wettkampfstätten für Leichtathletik und Sportarten wie Wasserski, Wakeboard und Schwimmen. Die Regattabahn ist das Zentrum für Kanu-, Ruder- und Motorbootsport. In der Eissporthalle trägt der EV Duisburg seine Heimspiele aus. Die Sportschule Wedau ist zudem ein wichtiger Stützpunkt des Westdeutschen Fußball- und Leichtathletikverbandes. Die Sommer-Universiade 1989 und die World Games 2005 waren die bisher größten internationalen Sportereignisse rund um den Sportpark Duisburg.

Zugleich ist der Sportpark ein enorm wichtiges Naherholungsgebiet für die Duisburger Bevölkerung. In unmittelbarer Nachbarschaft liegt die Sechs-Seen-Platte, eine künstlich angelegte Naturlandschaft rund um ehemalige Kiesgruben. An Sonnentagen ist sie ideal für ausgedehnte Spaziergänge. Im Sommer lümmelt man sich gern im Strandbad am Wolfssee oder fährt wie in der Karibik Wasserski.

Während der Fußball-WM 2006 hatte die italienische Nationalmannschaft im Sportpark ihr Trainingsquartier – und wurde prompt zum vierten Mal Weltmeister!

ANFAHRT ÜBER EHINGER STRASSE / BERZELIUSSTRASSE. PARKMÖGLICHKEITEN IN DER EHINGER ODER KAISERSWERTHER STRASSE. ZUR BESTEIGUNG DER HALDE WIRD FESTES SCHUHWERK EMPFOHLEN!

›TIGER & TURTLE – MAGIC MOUNTAIN‹ /// HEINRICH HILDEBRAND HÖHE IM ANGERPARK /// 47249 DUISBURG /// 02 03 / 28 54 40 /// WWW.DU2010.DE/LANDMARKE-ANGERPARK ///

EIN SPEKTAKULÄRES KUNSTWERK AUF EINER ABRAUMHALDE

›Tiger & Turtle – Magic Mountain‹ in Duisburg

57

Nähert man sich der Skulptur aus einiger Entfernung, gewinnt man den Eindruck, dass sich eine veritable Achterbahn auf einen Hügel im Süden der Stadt verirrt hat. Doch kommt das riesige Stahlgerüst in Reichweite, schwindet die erwartete Dynamik zusehends. Statt rasender Wagen, vollbesetzt mit kreischenden Passagieren, bietet sich dem Besucher ein beschauliches Bild der Ruhe und Kontemplation.

Als neue Landmarke im November 2011 fertiggestellt, hat sich die begehbare Skulptur ›Tiger & Turtle – Magic Mountain‹ schnell als ein gern und häufig besuchter Ort am Stadtrand von Duisburg etabliert. Im Angerpark auf der Heinrich-Hildebrand-Höhe errichtete das Künstlerduo Heike Mutter und Ulrich Genth auf einer ehemaligen Industriedeponie von über 80 Metern Höhe dieses ebenso massive wie filigrane Bauwerk. Was aus der Ferne so rasant wie ein wilder, kraftstrotzender Tiger anmutet, entpuppt sich von Nahem als ein Kunstwerk, das eher das Tempo einer langsamen Schildkröte verkörpert. Nicht Geschwindigkeit ist hier gefragt, sondern die Muße, den nahezu vollständig begehbaren ›Magic Mountain‹ mit Bedacht zu besteigen. Für seine Mühen wird der Besucher mit einem grandiosen Fernblick über die sich ausbreitende Landschaft belohnt: Südlich erkennt man den Düsseldorfer Fernsehturm, im Norden erhebt sich der Gasometer von Oberhausen. Doch nur 40 Kletterer dürfen gleichzeitig das 20 Meter hohe, aus 90 Tonnen Stahl und Zink bestehende Kunstwerk hinaufsteigen. Und schwindelfrei sollten sie sein, auch wenn der Looping der mutmaßlichen Achterbahn natürlich nicht durchlaufen werden kann. Bei Nacht bietet sich ein besonderer Anblick: Leuchtdioden bringen ›Tiger & Turtle‹ weithin sichtbar zum Strahlen, der ›Magic Mountain‹ macht seinem Namen alle Ehre und verwandelt sich und seine Umgebung in einen mystischen Ort.

Ganz in der Nähe gewährt der Aussichtssteg am Rheinportal Angerort einen tollen Blick auf die Rheinschifffahrt und die Rheinufer des Duisburger Südens.

ZUR STÄRKUNG WÄHREND DES AUSFLUGS IN DEN STADTWALD IST DAS RESTAURANT STADTWALDHAUS MIT SEINEM GROSSEN BIERGARTEN ZU EMPFEHLEN.

STADTWALD /// HÜTTENALLEE /// 47800 KREFELD /// 0 21 51 / 86 44 02 /// WWW.KREFELD.DE ///

NATUR UND ERHOLUNG MITTEN IN DER STADT

Krefelder Stadtwald

58

Einfach mal kurz abschalten vom Alltagsstress. Den Kopf frei bekommen. Frische Luft tanken. Die Natur genießen, ohne weite Strecken fahren zu müssen. In Krefeld ist das problemlos möglich. Mitten im Stadtgebiet, genauer im Stadtteil Bockum, liegt der 120 Hektar große Stadtwald. Die weitläufige Parkanlage mit altem Buchenwaldbestand war ein Geschenk des Krefelder Seidenfabrikanten Wilhelm Deuß an seine Heimatstadt mit der Auflage, eine Naherholungsfläche für die Bürger zu gestalten. Um 1900 entstand deshalb nach Plänen des Düsseldorfer Gartenarchitekten Fritz Rosorius ein Waldpark mit Parkwächterhaus, Spazier- und Fahrwegen, Wiesenflächen und Stadtwaldweiher. 1902 nahm die Waldschänke ihren Betrieb auf. 1947 als Stadtwaldhaus wiedereröffnet, wurde der dazugehörige Biergarten – mit seinen 1.700 Plätzen ist er einer der größten außerhalb Bayerns – zur Oase für Spaziergänger und Radfahrer. Hier kann man völlig ungezwungen sein Bier trinken, sich ausruhen und entspannt die Sonnenstrahlen genießen. Oder einer musikalischen Darbietung in der Konzertmuschel lauschen.

Doch nicht nur Muße und Dolce Vita, im Park sind auch allerlei sportliche Betätigungen möglich. Auf dem Gelände der bereits 1911 angelegten Pferderennbahn sind nicht nur die Galopper zu Hause, hier kann man zudem Golf spielen oder sich im Bogenschießen üben. Die denkmalgeschützten Tribünenbauten wurden restauriert und stehen heute für Veranstaltungen zur Verfügung. Dazu animieren drei Tennisclubs, ein Trimmpfad und Lauftreffs zu sportlichen Aktivitäten. Wem das alles zu anstrengend erscheint, der kann sich auch einfach ein Bötchen mieten und gemächlich auf einem der Teiche hin und her rudern.

Damit die Krefelder nicht vergessen, wem sie das alles zu verdanken haben, errichtete die Stadt im Jahre 1913 den Deußtempel am Ufer des Stadtwaldweihers. Dem Stifter sei Dank!

Der Landschaftspark wurde 2004/2005 als herausragender Park in die Straße der Gartenkunst zwischen Rhein und Maas aufgenommen.

NORDBAHNHOF KREFELD /// ORANIERRING 91 /// 47798 KREFELD ///
0 21 51 / 6 74 44 /// WWW.NORDBAHNHOF-KREFELD.DE ///

MIT DAMPF UND NOSTALGIE DURCHS LAND

Nordbahnhof und ›Schluff‹ in Krefeld

59

»Einsteigen – die Türen schließen!« Erwartungsfroh hocken wir auf den rustikalen Sitzen der ›Holzklasse‹, und schnaufend setzt sich der ›Schluff‹ mit seinen beige-roten Waggons in Bewegung. Die Fahrt im historischen Zug führt von St. Tönis zum Hülser Berg. Sofort wird klar, woher die altertümliche Dampfbahn ihren Namen hat. Das Zischen der Lok weckt unwillkürlich Assoziationen an jenes Geräusch, das ein schlurfender Pantoffel – im niederrheinischen Dialekt ›Schluffe‹ genannt – erzeugt.

1868 wurde die Krefelder Eisenbahn gegründet. Der Bahnhof Crefeld-Nord ist das älteste Bahnhofsgebäude der Stadt. Erbaut wurde das heutige Baudenkmal 1870 im Palazzo-Stil. 1902 machte hier sogar Kaiser Wilhelm II. Station. Nach dem Ende des Personennahverkehrs auf dieser Strecke im Jahr 1952 lag das Gebäude im Dornröschenschlaf, ehe es 1991 aufwendig restauriert wurde. Heute ist es ein Restaurant, das niederrheinische Küche wie internationale Gerichte auf der Speisekarte hat. Die Innenausstattung mit der gewölbten Decke, Stühlen und Tischen aus dunklem Holz und rustikalem Boden erinnert an das Ambiente französischer Bahnhöfe um 1900. Nicht weit entfernt bietet auch der Lokschuppen mit seiner funktionalen Industriearchitektur aus Glas und Stahl Reminiszenzen an die große Zeit der Dampfrösser.

Im ›Schluff‹ zuckelt man derweil gelassen durch die niederrheinische Landschaft. Seit dem 1. Mai 1980 fährt die Museumseisenbahn auf dieser Strecke. Saison ist von Mai bis Oktober, an Sonn- und Feiertagen finden die Dampftouren statt. Stählernes Zugpferd ist die Dampflok Graf Bismarck XV von 1947, die ursprünglich in der Zeche Bismarck in Gelsenkirchen im Einsatz war. Sie wurde zum rollenden Denkmal und Wahrzeichen Krefelds erklärt. Der historische Gepäckwagen von 1929 nimmt Fahrräder auf – für ein individuelles Fortkommen am Zielbahnhof.

Im ›Schluff‹ werden standesamtliche Trauungen vollzogen. Eingefleischte Eisenbahnfans geben sich das Ja-Wort gern bei voller Fahrt.

VON DER RHEINBABENSTRASSE FÜHRT EIN GUT BESCHIDERTER FUSSWEG ZUR BURG UND ZUM UMLIEGENDEN PARKGELÄNDE.

BURGPARK LINN /// RHEINBABENSTRASSE /// 47809 KREFELD-LINN /// 0 21 51 / 86 44 02 /// WWW.KREFELD.DE ///

STEINERNE ZEUGNISSE UND MITTELALTERLICHE IMPRESSIONEN

Burg Linn und Park in Krefeld-Linn

60

Ihr Anblick ist beeindruckend. Mit ihren massigen Mauern, den hohen Rund- und Spitztürmen erscheint sie heute wie damals wie eine uneinnehmbare Festung. Genau so stellte man sich in seinen Kindertagen eine richtige Ritterburg vor, von einem breiten Wassergraben umrahmt und die Umgebung beherrschend.

Die mittelalterliche Wasserburg Linn ist eine der schönsten und ältesten Burgen des Niederrheins. Die erste urkundliche Erwähnung stammt aus dem Jahr 1299. Nachdem sie 1702 weitgehend zerstört worden war, dauerte es über 220 Jahre bis zur vollständigen Rekonstruktion. 1926 wurde die ehemalige Festung zum Landesmuseum ausgebaut, wo man heute alles über die Geschichte der Burg und das Alltagsleben in jener Zeit erfährt. Zusätzlich ist im Jagdschlösschen, das an die Burg grenzt, eine Sammlung mechanischer historischer Musikinstrumente zu bestaunen.

Das gewaltige Bauwerk befindet sich mitten in einem sternförmigen, weitläufigen Naturgelände. Es wurde um 1830 von Maximilian Friedrich Weyhe im Stil eines englischen Landschaftsparks mit großzügigen Rasenflächen angelegt. Die der ehemaligen Festung vorgelagerten Bollwerke funktionierte Gartenbaumeister Weyhe zu Aussichtshügeln um, die er mit Linden bepflanzte. Von hier eröffnet sich dem Besucher ein malerischer Blick über die Parklandschaft und auf die zentral gelegene Burg. An lauen Sommerabenden, wenn sich der Tag dem Ende zuneigt und die gewaltige Burganlage in mildes Licht getaucht wird, werden unweigerlich romantische Gefühle geweckt.

Im Jahr 2001 wurde der Park saniert. Auf neuen Wegen kann man ihn nun für sich entdecken. Alljährlich zu Pfingsten findet auf dem Parkgelände rund um die Burg der mittelalterliche Handwerkermarkt statt. Wie der Alltag damals wohl tatsächlich ausgesehen haben mag?

2004/2005 wurde der Park von Burg Linn in die ›Straße der Gartenkunst zwischen Rhein und Maas‹ aufgenommen.

**WEINBRENNEREI DUJARDIN /// HOHENBUDBERGER STRASSE 4 – 10 ///
47829 KREFELD-UERDINGEN /// 0 21 51 / 4 83 20 ///
WWW.WEINBRENNEREI-DUJARDIN.DE ///**

DEM GEIST DES WEINES AUF DER SPUR

Weinbrennerei Dujardin in Krefeld-Uerdingen

61

Weinbrand wird hier seit 2006 nicht mehr hergestellt, Produktion und Vertrieb hat mittlerweile die Firma Schwarze & Schlichte im westfälischen Oelde übernommen. Geblieben sind aber die Gebäude der historischen Weinbrennerei Dujardin in Uerdingen am Rhein. Man erkennt sie auf den ersten Blick an ihrem Wahrzeichen, dem überdimensionalen Weintank, der auf dem Gebäude mit der runden Ecke an Dujardin- und Hohenbudberger Straße thront.

Gründungsvater der Weinbrennerei ist Henry Melchers. Namensgeber des berühmten Getränks war die Familie Dujardin, mit der ab 1870 aus einer Wirtschaftsbeziehung eine enge Freundschaft entstand. Von deren Weinanbaugebiet Château Merigots in der Charente in Frankreich bezogen die Gebrüder Melcher den Wein, der ab 1954 sogar mit dem eigenen Seeschiff M.S. Imperial direkt nach Uerdingen zum Brennen transportiert wurde.

Heute sind in den Räumen der denkmalgeschützten ehemaligen Weinbrennerei Restaurant, Museum und Ateliers für Künstler und Ausstellungen untergebracht. Die Küferei von 1905 im Innenhof ist der älteste Gebäudeteil der Brennerei. Heute befindet sich hier das Restaurant ›Küferei‹. Betritt man den Gastraum, nimmt man sofort die charakteristische Melange aus Branntwein und Eichenfässern wahr. Die rohen Backsteinmauern und das Interieur mit antiken Maschinen der Fassherstellung, Originalteilen der Produktion sowie alten Weinleitungen mit Schiebern und Schauglas verleihen dem Restaurant ein besonderes Flair. Die offene Küche besteht, soweit möglich, aus Elementen des damaligen Vorarbeiterbüros. Hier wird bodenständige, niederrheinische Kost gezaubert. Unbedingt probieren sollte der Bierliebhaber das regional gebraute ›Melcher's Hell‹ oder ›Melcher's Dunkel‹. Zum Abschluss gibt es natürlich stilecht ein Gläschen ›Dujardin Imperial‹. Im Sommer lockt ein Biergarten im denkmalgeschützten Innenhof.

In der Weinbrennerei wurden Szenen von Filmen wie ›Das Wunder von Bern‹, ›Die Erfindung der Currywurst‹ und ›Maria, ihm schmeckt's nicht!‹ gedreht.

STADTBIBLIOTHEK NEUSS /// NEUMARKT 10 /// 41460 NEUSS ///
0 21 31 / 90 42 42 /// WWW.STADTBIBLIOTHEK-NEUSS.DE ///

MUSIKSEHEN – BÜCHERHÖREN – FILMELESEN

Stadtbibliothek in Neuss

62

Bücher, Bücher, Bücher … Und noch viele, viele weitere Medien. Neben den gedruckten Publikationen, zu denen auch Zeitungen, Zeitschriften und Comics gehören, haben längst CD-ROMs, DVDs sowie Hörbücher in den Stadtbibliotheken Einzug gehalten. Eigentlich liebe ich jede Bücherei, und am Niederrhein gibt es viele davon, kleine und größere, manche sind in alten Gemäuern eingerichtet, andere ganz modern untergebracht. Ich mag diese besonderen Stätten der Bildung und Freizeit mit ihrem typischen Geruch und ihrem bunten Angebot, das längst nicht mehr nur für Bücherwürmer interessant ist. Mittlerweile wird in den Bibliotheken ein abwechslungsreiches Programm ausgetüftelt und präsentiert, vom Bilderbuchkino für die Kleinen – in Neuss nennt es sich ›Treffpunkt Lesebär‹ – bis hin zu den vielfältigen Veranstaltungen für Erwachsene wie Lesungen, Filmvorführungen, Ausstellungen und mehr.

Büchereien möchten Wissen vermitteln, aber auch unterhalten und ein kommunikativer Treffpunkt sein. Eine transparente Fassade wie die der Stadtbibliothek am Neusser Neumarkt wirkt besonders einladend und offen. Das moderne Gebäude im Herzen der Stadt, das 1986 fertiggestellt wurde, besticht durch die Ästhetik einer originellen Architektur mit auffälliger gläserner Fassade und einem großzügigen Eingangsbereich. Die Stadtbibliothek Neuss zog im Mai 1987 dort ein und offeriert ihre Bücher, audiovisuellen Medien und aktuellen Zeitungen und Zeitschriften auf drei Etagen. Das Haus hat einen gemütlichen Lesesaal mit schwarzen Kunstledersesseln, in dem jeder mit Vergnügen ein wenig verweilt, um zu blättern und zu schmökern. Vom Kleinkind bis zum Silberfuchs sind hier wohl alle gern zu Gast – so verzeichnete man im Jahr 2011 immerhin 1,5 Millionen Ausleihen. Damit bleibt nur zu hoffen, dass uns solche Stadtbüchereien noch lange erhalten bleiben!

Die Stadtbibliothek Neuss widmet sich als ›Treffpunkt der Kulturen‹ in ihren Veranstaltungen verschiedenen Ländern und fremden Sprachen.

DAS BILD ZEIGT ANATOL HERZFELDS KUNSTWERK ›DAS PARLAMENT‹ AUS DEM JAHRE 1991.

STIFTUNG INSEL HOMBROICH /// MINKEL 2 /// 41472 NEUSS-HOLZHEIM /// 0 21 82 / 8 87 40 00 /// WWW.STIFTUNGINSELHOMBROICH.DE ///

WO NATUR UND KUNST SICH TREFFEN

Museum Insel Hombroich in Neuss

63

Sie ist schon etwas Besonderes, die Museumsinsel Hombroich. Einmalig und inspirierend. Diese Kunstoase am Nordufer der Erft entstand Mitte der 1980er-Jahre in der wilden, typisch niederrheinischen Park- und Auenlandschaft. Ich besuche sie gern, weil es kaum Orte gibt, wo Natur und Kunst so direkt miteinander vereint werden, nach Cézannes Grundsatz ›Kunst parallel zur Natur‹ in einem spannungsreichen Dialog. Mitten im Grünen sind da neben Ausstellungspavillons viele ungewöhnliche Objekte und Installationen zu entdecken.

Mich fasziniert besonders Anatols ›Parlament‹, ein großer Stuhlkreis im Gras, der in seiner Erhabenheit archaisch und dennoch zeitlos wirkt. Er lädt einen direkt ein, sich zu setzen und zu philosophieren. Die 27 aus Stahlplatten zusammengesetzten Stühle repräsentieren eine Art Kultstätte. Weitere Kunst lässt sich in den zehn Gebäuden entdecken, die der Düsseldorfer Bildhauer Erwin Heerich entwarf: Da gibt es den leeren ›Turm‹, das ›Zwölf-Räume-Haus‹ mit internationaler Kultur, die ›Schnecke‹, ein grafisches Kabinett, und den ›Tadeusz-Pavillon‹ mit großformatigen Bildern.

Es war der Düsseldorfer Kunstsammler Karl-Heinrich Müller, der die Museumsinsel 1982 für seine bedeutende Kunstsammlung unter anderem mit bedeutenden Werken von Hans Arp, Alexander Calder, Paul Cézanne, Lovis Corinth, Alberto Giacometti, Yves Klein, Gustav Klimt, Henri Matisse, Rembrandt und Kurt Schwitters erwarb und hier europäische und internationale Kultur in neuen Kontexten verband. Doch die Besucher müssen keine Kunstkenner sein, um die Werke zu genießen, und es wird sogar auf didaktische Erläuterungen verzichtet. Der Maler Gotthard Graubner, der wie andere Künstler zeitweise ein Atelier auf der Insel hatte, entwickelte dieses unkonventionelle Ausstellungskonzept. Auf Wunsch erhält man aber zur Orientierung am Eingangsgebäude einen Plan.

Die Speisen und Getränke in der Cafeteria sind im Eintrittsgeld inbegriffen, ebenso der Einlass zur Raketenstation Hombroich.

ABFAHRT DER FÄHRE IST DIREKT UNTERHALB DES GASTHOFS ALTE RHEINFÄHRE /// FÄHRWEG 22 /// 40489 DÜSSELDORF-KAISERSWERTH /// 02 11 / 40 11 34 /// WWW.RHEIN-FAEHRE.DE ///

»FÄHRMANN, HOL' ÜBER!«

Rheinfähre in Düsseldorf-Kaiserswerth

64

Gemächlich und träge zieht der mächtige Strom vorüber, der oft besungene ›Vater Rhein‹ hat sich hier in sein Bett gelegt und bahnt sich seinen kurvenreichen Weg durchs flache Land. Doch die Idylle ist trügerisch, viele Stromschnellen und unergründliche Tiefen machten von jeher eine Überquerung des Flusses zu einem riskanten Unterfangen. Nur an ausgesuchten Stellen war dies mithilfe von Brücken oder Fähren möglich. Schon seit dem Mittelalter existiert zwischen Kaiserswerth und Meerbusch-Langst-Kierst eine Fährverbindung, einer der ältesten Rheinübergänge auf halber Strecke zwischen Düsseldorf und Duisburg. Hier transportiert die 1993 in Holland vom Stapel gelaufene ›Michaela II‹ Autos, Radfahrer und natürlich Fußgänger von Ufer zu Ufer. Auch wenn die Autofähre in der Regel zwischen 7 und 19 Uhr, im Sommer bis 20 Uhr verkehrt, gibt es keinen strikten Fahrplan. Je nach Bedarf und so, wie der dichte Schiffsverkehr auf dem Rhein es zulässt, wird übergesetzt. An diesigen Tagen könnte den Fahrgast das mulmige Gefühl beschleichen, man befinde sich auf der letzten Reise in den Hades. Und man hegt die verzweifelte Hoffnung, dass man den vermeintlichen Charon ausreichend bezahlt hat. Bei schönstem Ausflugswetter hingegen lockt die natürliche Umgebung zu ausgedehnten Rad- und Wandertouren. Einkehren kann man im Gasthof ›Alte Rheinfähre‹, der direkt am Kaiserswerther Ufer gelegen ist. Mit seiner guten Küche – unbedingt probieren: den ›Elsässer Flammkuchen‹ – und mit Kaffee und Kuchen verführt er zu einer Rast unter mächtigen Kastanien. Wenn dann noch an einem lauen Sommerabend bunte Lichterketten den Biergarten erleuchten – Romantik pur!

Lohnenswert ist ein Ausflug in die ehemalige Reichsstadt Kaiserswerth. Die 15 Meter hohe Ruine der Kaiserpfalz erinnert an die machtvollen Zeiten von Kaiser Friedrich Barbarossa.

☞ Die Partyfähre ›Maria-Franziska‹ kann ganzjährig für private Feste aller Art und sogar für romantische Trauungen auf dem Rhein gechartert werden.

AUF DEM FOTO IST DAS MITTLERE GEHRY-GEBÄUDE DES NEUEN ZOLLHOFS MIT SEINER SPIEGELNDEN AUSSENHAUT AUS EDELSTAHL ZU SEHEN.

MEDIENHAFEN /// ZOLLHOF 30 /// 40221 DÜSSELDORF /// 02 11 / 99 45 95 24 /// WWW.MEDIENHAFEN.DE ///

EINSTÜRZENDE NEUBAUTEN AM RHEIN

MedienHafen in Düsseldorf

65

Alteingesessene Düsseldorfer dürften sich die Augen gerieben haben, als der Umbau des Binnenhafens zum MedienHafen in den 1990er-Jahren sichtbar wurde. Wo bis dahin ein unattraktives Industriegebiet lag, entstand nun ein modernes Büro- und Wohnquartier für die hippen Leute aus Werbung, Kunst und Medien. Zum Glück wurde jedoch nicht alles abgerissen. Denkmalgeschützte Bauten wie manche Lagerhalle erstrahlten nach aufwendiger Restauration in neuem Glanz; das ursprüngliche Bild des Hafenbeckens mit seinen Kaimauern, den schmiedeeisernen Geländern und gusseisernen Pollern blieb erhalten.

Doch welch überraschender Anblick bietet der Neue Zollhof. Ein Gebäudekomplex, bestehend aus drei sehr unterschiedlichen Bauten, scheint alle Sehgewohnheiten zu sprengen. Die Türme sind krumm und schief. Wurde etwa beim Bau gepfuscht? Man mag sich wundern, dass sie offenbar sicher konstruiert sind und nicht beim ersten Windzug in sich zusammenfallen. Zugleich strahlen sie aber auch eine faszinierende Ästhetik aus. Der weltberühmte kalifornische Architekt Frank O. Gehry ist für diese extravaganten Gebäude mit den seltsamen Krümmungen, asymmetrischen Winkeln und verzerrten Fassaden mit den eigentümlich hervorspringenden Fensterrahmen verantwortlich. Besonders auffällig ist zudem die sonderbar gewellte Außenhaut. Es gibt kaum jemanden, der nicht fasziniert stehen bleibt und staunt. Erstrahlt das erste Gebäude in hellem Weiß, dominieren beim zweiten die Reflexionen auf der silbrig glänzenden Edelstahlverkleidung, während das dritte eine relativ unspektakuläre Backsteinfassade aufweist. Hier steht zweifellos das neue Wahrzeichen der Stadt.

Rundherum haben sich auf der Meile der Kreativen und der Medien neben den unzähligen Büros viele Lokale, Restaurants und Bistros etabliert. Abends wird der MedienHafen dann zu einem beliebten Szene- und Partytreff.

Das traditionelle Wahrzeichen der Landeshauptstadt, der alte Schlossturm, steht nur ein paar hundert Meter rheinabwärts – ein fundamentaler Kontrast!

LÖWENSENF SENFLADEN /// BERGERSTRASSE 29 /// 40213 DÜSSELDORF /// 02 11 / 4 15 90 /// WWW.LOEWENSENF-SENFLADEN.DE ///

DER GOLDENE LÖWENKOPF – SYMBOL FÜR QUALITÄT UND SCHÄRFE

Senfladen und Museum in Düsseldorf

11/11

In Düsseldorf steht nicht nur die angeblich längste Theke der Welt, die Landeshauptstadt ist zudem auch unumstrittenes Zentrum der deutschen Senfkultur. Bereits 1726 gründete Adam Bernhard Bergrath die nach ihm benannte Firma ABB. Somit war der ›Düsseldorfer Senf‹ aus der Taufe gehoben, und bis heute dürfen sich ausschließlich Hersteller aus der Metropole am Rhein mit diesem Qualitätsprädikat schmücken.

Der Düsseldorfer Senfladen in der Bergerstraße ist Treffpunkt aller, die es gern mal etwas schärfer mögen. Hier werden je nach Saison bis zu 20 verschiedene Senfkreationen mit den unterschiedlichsten Zutaten angeboten, die man auch gleich an Ort und Stelle verköstigen kann. Im Mittelpunkt steht der Löwensenf. Insbesondere der ›Extra scharfe‹ genießt weit über die Stadtgrenzen hinaus einen ausgezeichneten Ruf. Vermutlich hätten es sich seine Erfinder Otto und Frieda Frenzel nicht träumen lassen, dass ihr Mostrich dereinst in so großer Geschmacksvielfalt angeboten werden würde. Über Altbier-, Feigen-, Chili-, Coconut-Curry- und Knoblauch-Senf reicht die Palette bis zu fruchtigem Birnen-Senf. Der traditionelle ABB-Senf, der ›aechte Düsseldorfer Mosterd‹, kann sogar sozusagen ›frisch gezapft‹ in Steinguttöpfen oder Pfandgläsern erworben werden.

Der ›Radschläger‹-Senf kam 1830 auf den Markt, verschwand allerdings in den 1980er-Jahren und wird heute wieder exklusiv für den Senfladen, der gleichzeitig ein kleines Museum beherbergt, erzeugt. Zu bestimmten Zeiten führt ein wahrhaftiger Senfmüller durch die Geschichte der Senfherstellung, die Exponate reichen von Miniaturfahrzeugen zur Auslieferung bis hin zu Nostalgieschildern. Fairerweise muss man zugestehen, dass in der Nachbarstadt Köln ein zweiter Senfladen existiert. Dort gibt es statt Altbier- natürlich Kölsch-Senf. Wohl bekomm's!

In unmittelbarer Nachbarschaft empfiehlt sich ein Besuch im Filmmuseum, das mit vielen Exponaten über die spannende Geschichte der bewegten Bilder informiert.

JAPANISCHER GARTEN IM NORDPARK ///
KAISERSWERTHER STRASSE 390 /// 40474 DÜSSELDORF ///
02 11 / 8 99 48 00 /// WWW.DUESSELDORF.DE ///

FERNÖSTLICHER ZAUBER INMITTEN DER LANDESHAUPTSTADT

Japanischer Garten in Düsseldorf

66

Ein besonderer Ort der Ruhe erwartet den Besucher in der nordwestlichen Ecke des Nordparks im Stadtteil Stockum. Als Zeichen der besonderen Verbundenheit legte ein von japanischen Firmen und der japanischen Gemeinde der Stadt gegründeter Verein den ›Japanischen Garten am Rhein‹ an und schenkte ihn 1975 den Düsseldorfern. Auf 5.000 Quadratmetern ist so eine fernöstliche Oase der Stille entstanden.

Entspannt, mit bedächtigen Schritten und einem wachen Geist sollte man diese besondere Gartenanlage erkunden, dann bekommt man eine Ahnung von dieser mystischen Welt und der asiatischen Mentalität der Entschleunigung. Nur wer die Anmut der inszenierten Natur auf sich wirken lassen kann, nähert sich der japanischen Seele ein Stück weit an. Während die Japaner ihren Gärten symbolische Bedeutung beimessen und sie als Orte der Besinnung verstehen, werden sie hierzulande in erster Linie als Erholungsraum genutzt.

Der Düsseldorfer Garten wurde nach dem Typ des japanischen Teichgartens, auch Lustgarten genannt, gestaltet. Die Bäume, in der Mehrzahl Kiefern und Fächerahorn, sind auf spezielle Art und Weise beschnitten. Das Geäst erhält so eine filigrane, an Wolken erinnernde Struktur und weckt eine fast wehmütige Sehnsucht nach Weite und Leichtigkeit. Zur Ausgestaltung verwendete man neben Baumgewächsen und Sträuchern auch Steine, Brücken und Wasserläufe. Immer wieder begegnet man Steinlaternen. In früheren Zeiten waren sie Votivgaben für Tempelwege, heute sind sie lediglich schmückende Elemente der Gärten. Alles in diesem ›Garten der Besinnung‹ hat eine tiefere Bedeutung, wie die ›Insel der Unsterblichen‹ in der Mitte des Teiches. Die bunten Farbkarpfen wurden sogar eigens aus einem japanischen Tempelteich importiert. Wenn man ihnen zuschaut, wird eine asiatische Weisheit ganz konkret spürbar: In der Ruhe liegt die Kraft!

Über eine Brücke gelangt man zum EKO-Haus, dem japanischen Kulturzentrum, wo häufig Veranstaltungen für an der japanischen Kultur Interessierte stattfinden.

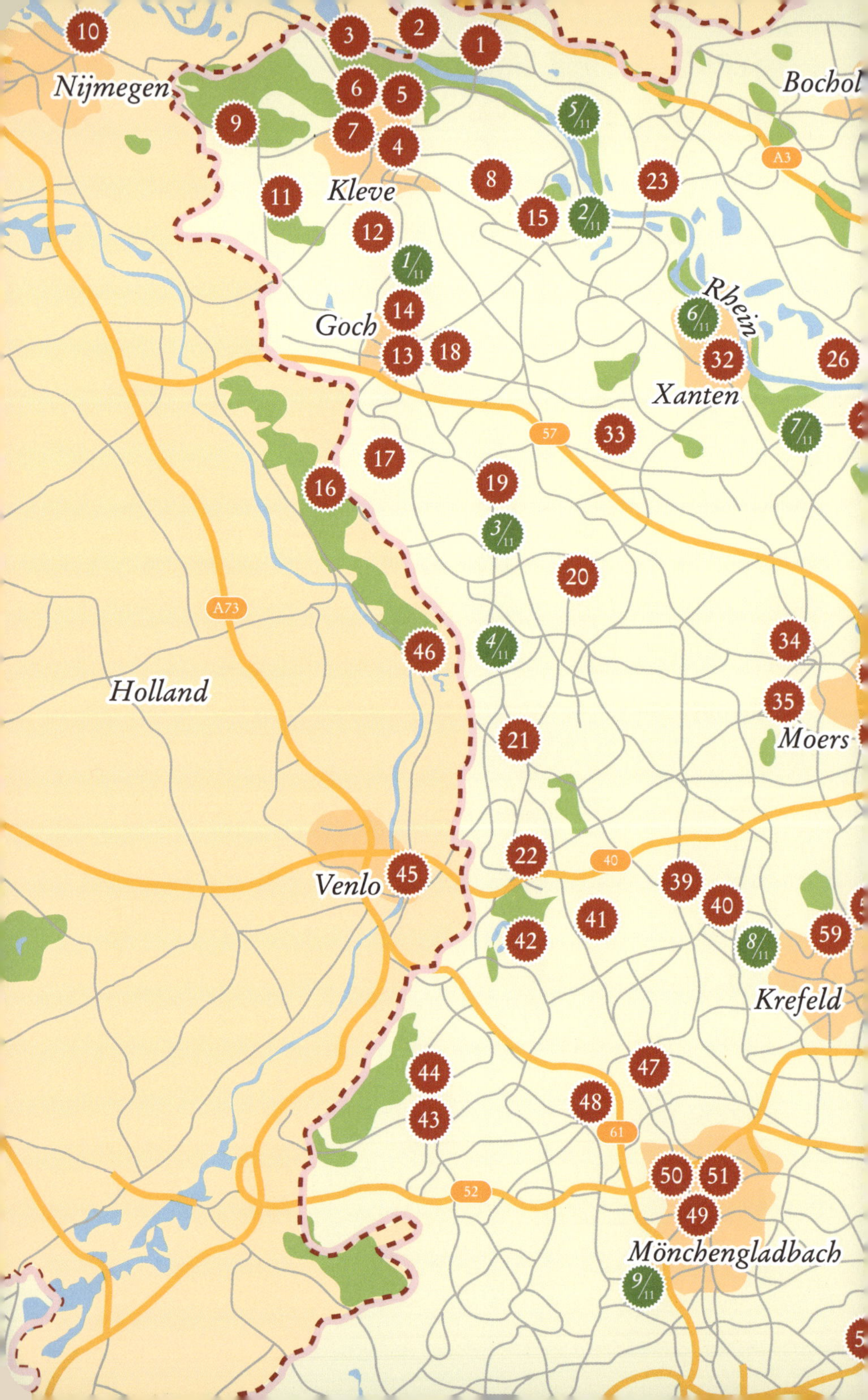
10
Nijmegen
3
2
1
Bochol
6
5
9
7
4
5/11
A3
Kleve
8
23
11
15
2/11
12
1/11
Rhein
14
Goch
6/11
18
13
32
26
Xanten
57
33
7/11
17
16
19
3/11
20
A73
34
46
4/11
Holland
35
Moers
21
22
40
39
45
Venlo
40
41
59
42
8/11
Krefeld
47
44
48
43
61
50
51
52
49
Mönchengladbach
9/11

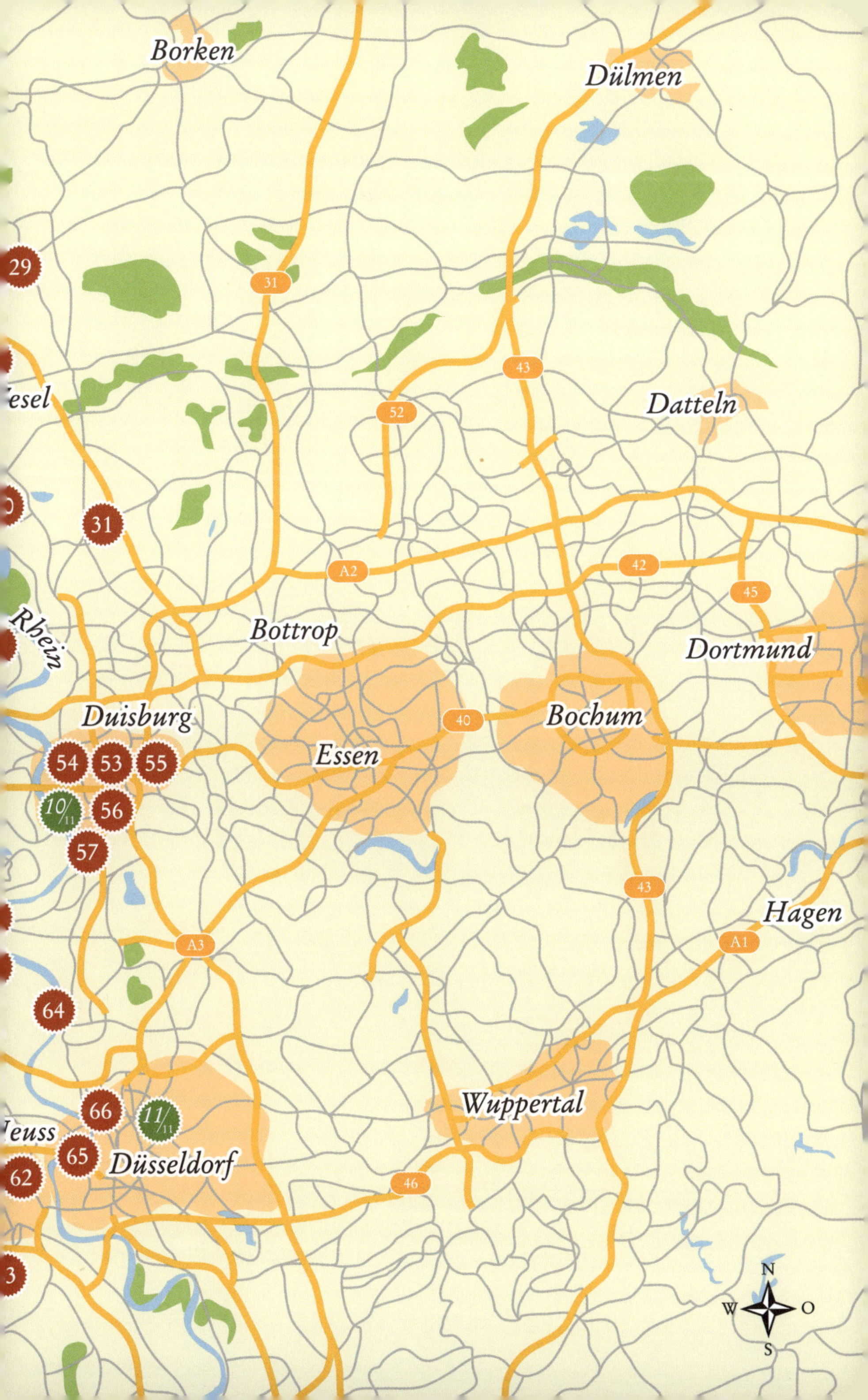

Borken
Dülmen
29
31
43
52
Datteln
31
A2
42
45
Rhein
Bottrop
Dortmund
Duisburg
40
Bochum
Essen
54
53
55
10/11
56
57
43
Hagen
A3
A1
64
Wuppertal
66
11/11
65
Düsseldorf
62
46
N
W
O
S

REGISTER

Lieblings-plätze

Neue Lieblingsplätze

Größeres Format, neue Gestaltung, mehr persönliche Einblicke

Entdecken und erleben

978-3-8392-1368-1

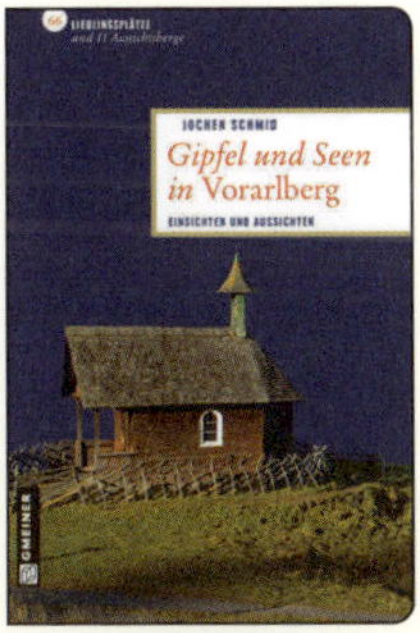

978-3-8392-1364-3

978-3-8392-1365-0

978-3-8392-1366-7

978-3-8392-1363-6

978-3-8392-1367-4

978-3-8392-1358-2

978-3-8392-1356-8

978-3-8392-1361-2

978-3-8392-1362-9

978-3-8392-1357-5

978-3-8392-1359-9

Weitere Lieblingsplätze

☞ Liebevoll ausgestattete Reiselesebücher mit individuellen Tipps, die Lust aufs Entdecken und mehr machen.

Die ganze Vielfa

978-3-8392-1154-0

978-3-8392-1280-6

978-3-8392-1170-0

978-3-8392-1256-1

978-3-8392-1282-0

978-3-8392-1155-

978-3-8392-1156-4

978-3-8392-1283-7

978-3-8392-1281-3

978-3-8392-1157-1

978-3-8392-1255-4

978-3-8392-1254-

978-3-8392-1258-5

978-3-8392-1159-5

978-3-8392-1160-1

978-3-8392-1161-8

978-3-8392-1162-5

978-3-8392-1279-

978-3-8392-1257-8

978-3-8392-1166-3

978-3-8392-1284-4

978-3-8392-1259-2

978-3-8392-1253-0

978-3-8392-1164-